项目式
小学科技制作
100例

武红卫 著

图书在版编目(CIP)数据

项目式小学科技制作100例/武红卫著. —合肥：安徽大学出版社，2023.1(2025.1重印)
ISBN 978-7-5664-2480-8

Ⅰ.①项… Ⅱ.①武… Ⅲ.①科学技术－制作－教案（教育）－小学 Ⅳ.①G623.62

中国版本图书馆 CIP 数据核字（2022）第 179754 号

项目式小学科技制作100例

武红卫 著

出版发行：	北京师范大学出版集团
	安 徽 大 学 出 版 社
	（安徽省合肥市肥西路3号 邮编 230039）
	www.bnupg.com
	www.ahupress.com.cn
印　　刷：	合肥锦华印务有限公司
经　　销：	全国新华书店
开　　本：	787 mm×1092 mm　1/16
印　　张：	15.25
字　　数：	170 千字
版　　次：	2023 年 1 月第 1 版
印　　次：	2025 年 1 月第 2 次印刷
定　　价：	72.00 元

ISBN 978-7-5664-2480-8

策划编辑：钟　蕾　雷明艳	装帧设计：李　军
责任编辑：杨小雨　雷明艳	美术编辑：李　军
责任校对：周疆丽	责任印制：赵明炎

版权所有　侵权必究

反盗版、侵权举报电话：0551—65106311
外埠邮购电话：0551—65107716
本书如有印装质量问题，请与印制管理部联系调换。
印制管理部电话：0551—65106311

序一

科技是人类进步的阶梯，是打开未来之门的钥匙。"科技兴则民族兴，科技强则国家强。"

发展科技靠人才，一切创新成果都是人创造出来的。科技发展史证明，哪个国家拥有一流创新人才、一流科学家，就能在科技创新中占据优势。科技人才队伍建设，既需要广开渠道引才、储才，又需要花大力气培养人才，在科学教育上下大功夫。当前，世界各国都在主动调整和创新科学教育的内涵与方法、政策与实践，加强科学教育，使广大青少年崇尚科学精神、树立科学思维、掌握科学方法、增强实践能力。

我国高度重视科学教育，对普及科学知识、提高青少年科学素质提出了明确要求。习近平总书记始终关注少年儿童科学教育，希望少年儿童保持对知识的渴望，保持对探索的兴趣，培育科学精神，刻苦学习，努力实践，讲科学、爱科学、学科学、用科学，努力成长为祖国的栋梁之材，为将来更好地实现中华民族伟大复兴的中国梦贡献力量。

《项目式小学科技制作100例》就是在新时代科学教育改革背景下进行探索的成果。本书有如下特点：

一是科学教育理念启发性强。教育是综合性、系统性、实践性的活动，对"培养什么样的人""如何培养人""为谁培养人"等根本问题要进行明确的回答，对教育目标、教育内容、实施方式、效果评价也需要统筹安排。本书立足于小学阶段科学教育的实际情况，积极吸收和应用教育学、心理学等领域的最新成果，对"小学科学教育需要培养小学生哪些素质""以何种方式培养""如何引导小学生深入思考"等基本问题具有启发性。

二是科学教育方式灵活。本书以项目式学习为基本思路，重视科学体验，引导学生通过项目开展科普实践活动。

三是项目内容设置科学。书中一个项目说明一个科学原理，或几个项目演绎同一个科学原理，让学生在实践活动中体悟科学知识，在动手动脑的过程中理解科学原理。

四是项目活动资源丰富。科学教育离不开活动资源，如何开发和利用资源是科学教育的基本课题。书中提供了大量的优质活动资源，这些资源就在学生的日常生活中，是师生熟悉的物品，既能够帮助师生顺利开展科学活动，也能够支持学校营造科学学习氛围。

五是育人成效显著。书中的项目式案例，是作者从十年的教育实践活动积累的大量成果中精选出来的典型案例，是经过长期实践检验、被证明有效的代表性成果，有的获得了省级教学成果奖，有的入选了教育部科学教学模式案例集。这些项目式案例，基于对小学科学教育深刻的认识，对提升科学教育质量是有借鉴意义的。

本书作者武红卫老师是一位优秀的少先队工作者，是一位杰出的学校管理者，更是一位卓越的教师。她长期承担小学科学学科一线教学工作，近十多年来，武老师扎根于小学科学教育，将个人

教学能力、管理能力、活动设计能力综合运用到科学教育上，探索出一种综合性、实践性、开放性的科学教育方式。武老师曾多次应邀在国家级学术研讨会、国家级教师培训班上作主题交流，广受好评。

最后，我也期盼武老师的科学教育探索更加深入，并将取得的更多成果分享给我们，引导我们持续提高科学教育水平和教育质量。

李正福

2022 年 8 月 3 日

序二

《项目式小学科技制作100例》一书是武红卫老师在小学科学教育实践中提炼出来的心血之作。本书通过一百个"微而小"的科技制作活动，将科学与生活交融、知识与能力接轨、特长与合作同步、兴趣与理想共鸣，使孩子们在玩中学、做中学，在潜移默化中促进孩子们拔节生长和跨学科发展。

意大利儿童教育家瑞吉欧曾提出，儿童不仅仅是一个有能力的学习者，更是一个有能力的思考者、一个知识的建构者与发现者。儿童有自己分析事物的逻辑，有自己独特的解决问题的方法，更有我们成人无可比拟的想象力和创造力。我认为，从这个角度来评价武红卫老师的《项目式小学科技制作100例》一书，可称其为开启儿童科学思维与素养之门的一把金钥匙。作者始终围绕真实感、现场感、过程感，用心、用力、用情编写本书。本书体现出如下编写原则：

一是体验性。好奇、好问是儿童与生俱来的特质。比如下雨天，孩子们都喜欢踩水坑，这不仅是天性使然，还因为他们天生具有敢于行动、不畏失败的秉性，其实，这是儿童身上极为可贵的东西。我想说，本书中一例例科技制作，就是一种体验式教学范本，为儿童探寻世界未知领域提供了一份"导游图"。

二是科学性。本书采用一个项目说明一个科学原理，或几个项目演绎同一个科学原理的方法，由浅入深、环环相扣，体现出作者求真求证的严谨风格，这也正是小学科学课程所倡导的。在通读全书之后，我深谙作者的良苦用心。我想说，这是一本立足于科学教育理念，以实践教学为导向的好书，可作为小学科学教师的案头书。

三是操作性。武老师在后记中讲本书重在激发学生的兴趣，保护学生的好奇心，试图让学生"一看就懂，一学就会，一做就成"，道出了本书简便易行的操作特色。我在细细品读时得出一个结论：简约而不简单。书中每一例科技制作，都是围绕儿童对大千世界最真实的问题而展开的，特别关注并重在培养儿童提出问题、发现问题并采用跨学科思维方式解决问题的能力。这一点，对小学生的成长而言尤为重要！我还想说，这是一本家长带领孩子畅游科学海洋，助力孩子成长成才的必修书。

2017年，我与武老师相识于科普作家协会年会，虽然交往时间不长，但交流颇深。她近十多年来一直默默坚守在三尺讲台，个人荣获多项科教成果奖，指导的学生团队斩获国家级、省级几十项大奖。《以体验为特征的小学科学教学模式》在2022年全国中小学科学课程实施典型案例评选中，被作为安徽省唯一获奖案例向全国推广，这反映了她在小学科学教学一线的辛勤耕耘、厚积薄发、行稳致远。本书使武老师又迈向了一个新的高峰，我真心为之高兴。我盼望武红卫老师有更多的科教研究优秀成果问世！

彭志新

2022年8月5日

目录

中低段（1—3年级）

漂亮的旋转灯罩 / 2

会旋转的大转盘 / 5

爱跳舞的小玩偶 / 7

咦，瓶子怎么被提起来了 / 9

彩虹蛇 / 11

会向上爬的蝴蝶 / 13

会跳舞的小人偶 / 15

会发出蟋蟀叫声的瓶盖 / 18

向心力 / 20

简易水泵 / 22

会啄虫子的啄木鸟 / 25

"亲密"的吸盘 / 27

虹吸"泵" / 29

颜色混合器 / 31

悬浮球 / 33

自制简易喷泉 / 35

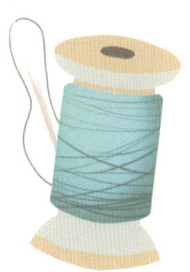

中低段（1—3年级）

神奇的丁达尔效应 / 37

以柔克刚 / 39

"听话"的吸管 / 41

高台上的"舞者" / 43

自制小风扇 / 46

会旋转的铜线圈 / 48

推磨的小人 / 50

无墨画笔 / 53

会旋转的小纸片 / 56

"蹦蹦跳跳"的蝗虫 / 58

磁生电 / 60

"走钢丝的杂技演员" / 62

巧做美丽的花 / 65

跳跳虫 / 67

会跳跃的蜻蜓 / 70

自造龙卷风 / 73

嵌入的奥秘 / 75

陨石坑 / 78

中低段（1—3年级）

树叶与猫　/　80

"疯狂"的瓶子　/　82

跳跳机　/　84

哪个体积更大　/　87

神奇的折扇　/　89

轻巧的保温杯　/　91

会"飞"的双面鱼　/　93

气球直升机　/　96

简单的热传导　/　98

带着"风扇"奔跑的小车　/　100

膨胀的空气　/　102

放大的磁性　/　104

磁跳蛙　/　107

会跳舞的玩偶　/　109

浮水指南针　/　111

鸡食架　/　113

中高段（4—6年级）

多角度纸量角器 / 116

用拖鞋做的学具 / 119

小球对对碰 / 121

响　管 / 123

滚动瓶 / 125

哪个瓶子会更热呢 / 127

CD 气垫船 / 129

空气动力汽车 / 131

笼中鸟 / 133

气球火箭 / 135

探索眼睛的奥秘 / 137

伯努利袋 / 140

动态漫画书 / 142

浮沉子与潜水艇 / 144

自制手摇发电机 / 146

会"舞动"的蝴蝶 / 149

电与磁 / 152

简单的直流电机 / 154

中高段（4—6年级）

"旋转木马" / 156

跳动的"牛" / 159

风力发电机 / 161

原子的排列模型 / 164

爱"运动"的弹子鼠 / 166

会弯曲的光 / 168

会"滑行"的蜘蛛 / 170

冷热水对流 / 172

从长方形到圆柱体 / 174

简单的镶嵌 / 176

翻滚的胶囊 / 179

火箭弹 / 181

伯努利锥 / 183

水往高处流 / 185

用塑料瓶吹气球 / 188

平衡的钉子 / 190

悬浮的光盘 / 192

神奇的压力 / 194

中高段（4—6年级）

简单的直流电动机 / 196

自制简易马达 / 198

悬浮的笔 / 200

旋转吧，电池 / 203

看风儿如何点灯 / 205

磁悬浮CD / 208

探究强力磁铁的磁性 / 210

机械警察 / 212

四面体旋转环 / 214

旋转座椅 / 216

翻斗小货车 / 218

机械卡车 / 221

吸管离心泵 / 223

三角网格 / 225

后 记 / 227

中低段
（1—3 年级）

漂亮的旋转灯罩

生活中有许多物品可用来进行小制作,比如塑料瓶,我们可以用它来制作一个漂亮的旋转灯罩。

一 准备材料

展示台、台灯、固体胶、剪刀、美工刀、铁丝、彩色卡纸、塑料瓶、铅笔。

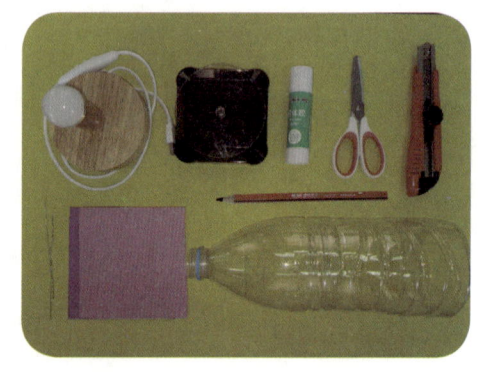

二 制作步骤

1. 用美工刀将塑料瓶中间的圆柱形部分切下,切口用剪刀修剪平整。

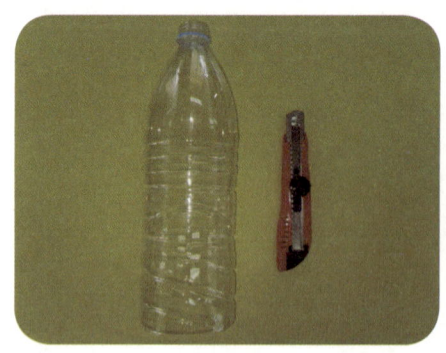

2. 将彩色卡纸剪成圆形,其大小与塑料瓶瓶身的横截面大小相同。

3. 用铅笔在剪好的圆形卡纸上画出风向标,并用美工刀裁出8个叶轮。再剪一个圆形小纸片,在圆形小纸片中央用铁丝戳一个凹槽,然后将圆形小纸片粘贴在风向标的中心。

4. 用固体胶将风向标卡纸固定在塑料瓶瓶身的一端。

5. 先将台灯放在桌子上,将铁丝的一端绕在灯泡上,另一端向上拉直。再将台灯放在展示台上,把制作好的灯罩罩在上面,要使铁丝顶端顶在圆形小纸片的凹槽上。

6. 用你喜欢的彩色卡纸装饰灯罩。开启台灯，漂亮的灯罩就开始旋转了。

三　注意事项

1. 在使用美工刀和剪刀时，一定要小心，不要伤到自己或他人。
2. 在使用固体胶时，注意不要让胶粘到手上或者衣物上。
3. 要安全用电。

四　科学原理

本制作运用了空气热对流的原理。开启台灯后，灯泡会发热，灯泡周围的空气被加热，便产生向上的气流，气流推动风向标旋转，灯罩就旋转起来了。

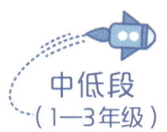

会旋转的大转盘

同学们,你们想知道如何让光盘旋转起来吗?下面我们就来用光盘制作一个会旋转的大转盘吧!

 准备材料

水彩笔、铅笔、美工刀、玻璃弹珠、剪刀、彩色卡纸、胶水、光盘。

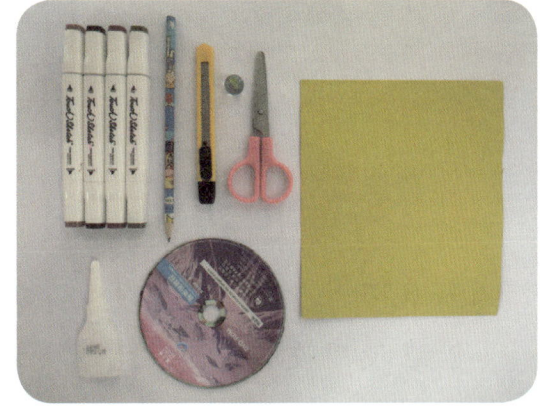

 制作步骤

1. 将光盘放在彩色卡纸上,用铅笔沿着光盘的边缘画出其轮廓,并将圆形卡纸裁剪下来。

2.在彩色卡纸上涂不同的颜色，然后将其粘在光盘上。

3.在光盘的小孔周围涂上胶水，将玻璃弹珠放进小孔，使之与光盘粘在一起。待玻璃弹珠与光盘粘牢，就可以旋转光盘了。

 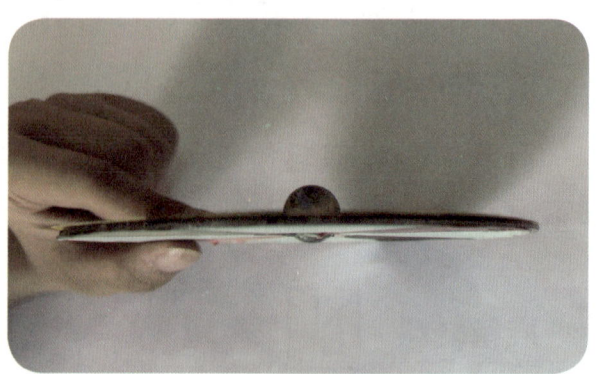

三 注意事项

1.在使用美工刀和剪刀时，一定要小心，不要伤到自己或他人。

2.在使用胶水时，注意不要让胶水粘到手上或者衣物上。

四 科学原理

本制作运用了陀螺原理。陀螺在旋转的时候，既围绕本身的轴线自转，又围绕垂直轴公转。陀螺围绕自身轴线自转运动速度的快慢，决定着陀螺摆动角的大小。转得越慢，摆动角越大，陀螺的稳定性越差；转得越快，摆动角越小，陀螺的稳定性越好。

爱跳舞的小玩偶

不倒翁是生活中常见的小玩偶。下面我们来制作一个既爱跳舞，又爱旋转，无论怎么推或旋转，都屹立不倒的小玩偶吧！

  一 准备材料

螺母、圆形橡皮、方形橡皮、短竹签、长竹签、塑料瓶、彩色卡纸、剪刀、固体胶等。

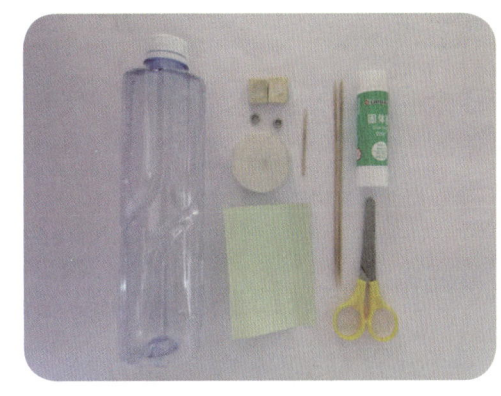

  二 制作步骤

1. 用剪刀剪出与圆形橡皮轮廓一致的卡纸，在上面画出眼睛、鼻子、嘴巴，然后用固体胶把它粘在圆形橡皮上。

2. 先把两根长竹签的一端分别插入两块方形橡皮中，然后将两个螺母分别固定在两块方形橡皮上。

 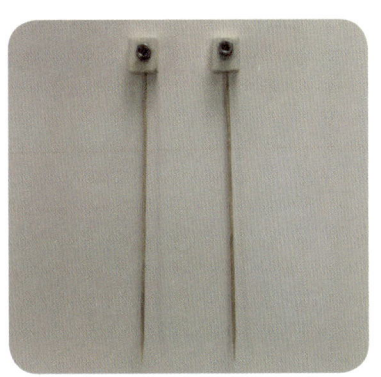

3. 把短竹签的一端插入圆形橡皮中，作为支撑轴，再把两根长竹签对称地插入圆形橡皮中，作为"手臂"。

4. 将装有半瓶水的塑料瓶立起来，将短竹签的另一端放在瓶盖上，小玩偶就制作好了。

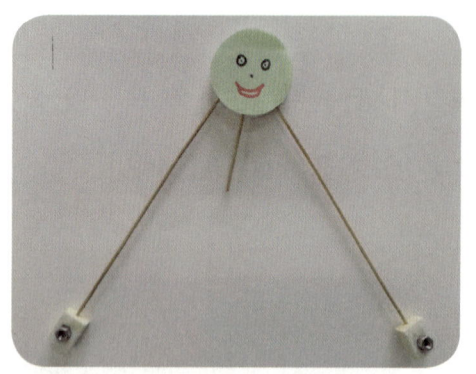 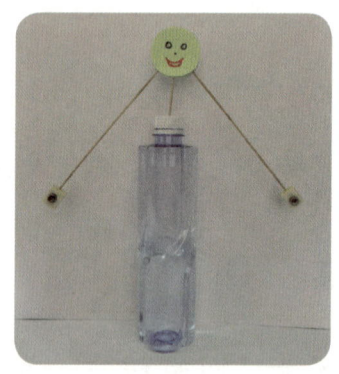

三、注意事项

1. 可用双面胶把螺母粘在方形橡皮上。

2. 在使用竹签和剪刀时，一定要小心，不要伤到自己或他人。

四、科学原理

本制作运用了重心越低越稳定的"不倒翁原理"。对称的长竹签结构使小玩偶的重心降低，装有水的塑料瓶使小玩偶底部处于稳定的状态，上轻下重，无论怎么摇摆，小玩偶都不会倒。

咦，瓶子怎么被提起来了

同学们，你们能不能用一把螺丝刀将装满大米的瓶子提起来呢？下面我们来试一试吧！

 准备材料

干燥的大米、螺丝刀、玻璃瓶、漏斗。

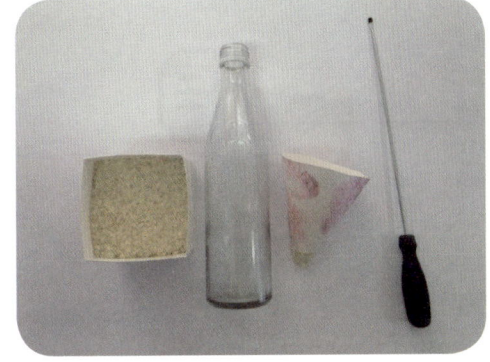

 制作步骤

1. 利用漏斗将大米装进玻璃瓶中，注意要装满整个瓶子。

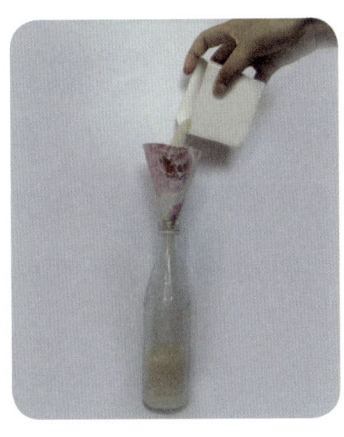

2. 先将螺丝刀插到装满大米的玻璃瓶底部，然后把螺丝刀从玻璃瓶中拔出，重复这一步骤。

3. 当你把插入玻璃瓶底部的螺丝刀从瓶中往上拔时，瓶子被同时提起，则制作成功。

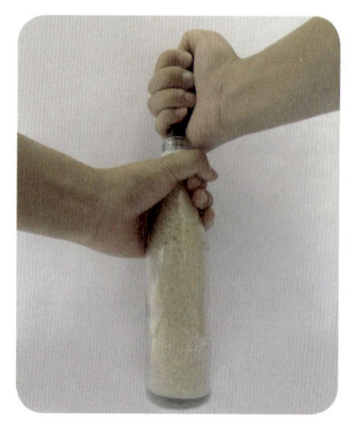
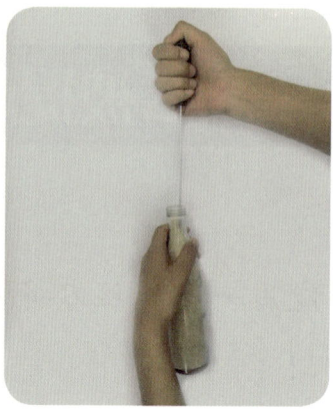
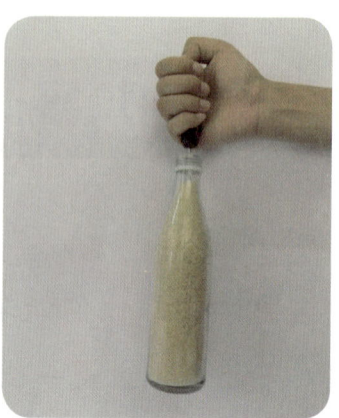

注意事项

1. 可以用彩色卡纸制作漏斗。
2. 建议使用细长杆的螺丝刀，以便插得更深。
3. 使用螺丝刀时要注意安全，不要戳到自己或他人。

四 科学原理

在不光滑的物体之间，存在着摩擦力。米粒与米粒、米粒与玻璃瓶、米粒与螺丝刀之间都存在摩擦力。在将螺丝刀反复插入玻璃瓶的过程中，玻璃瓶中的米粒一点点被压实，摩擦力逐渐增大，最后，在摩擦力的作用下，利用螺丝刀就可以将装满大米的玻璃瓶提起来了。

中低段
（1—3年级）

彩虹蛇

彩虹蛇是一个既简单又有趣的小玩具，下面我们一起来动手做一做吧！

 一　准备材料

铅笔、细铁丝（长约30厘米）、4根颜色不同的吸管、剪刀、2个橡胶耳塞。

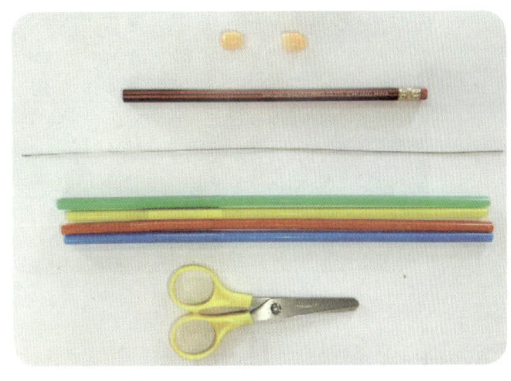

 二　制作步骤

1. 将细铁丝以螺旋状缠绕在铅笔上。取下螺旋状铁丝，用手握住螺旋状铁丝的两端向两边拉，使螺旋状铁丝的卷曲程度变小。

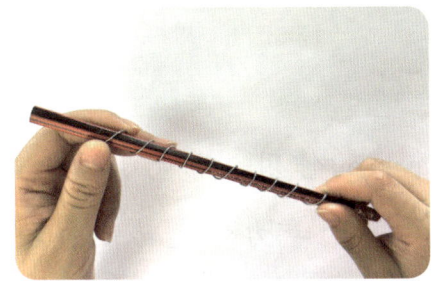
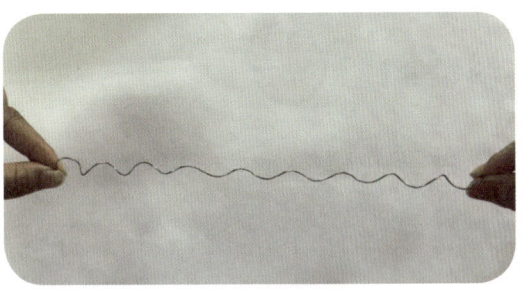

2. 从每根吸管上分别剪下4段长约1厘米的彩色吸管，得到16段彩色小吸管，然后将它们套在螺旋状铁丝上。

 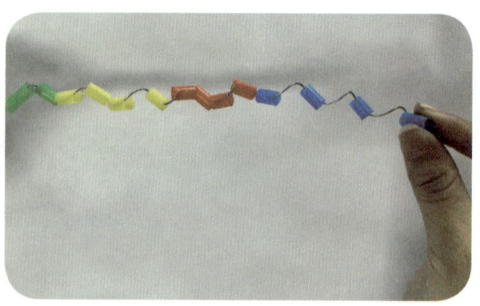

3.把 2 个橡胶耳塞的尾部剪去,然后将它们分别套在螺旋状铁丝的两端,彩虹蛇就制作完成了。

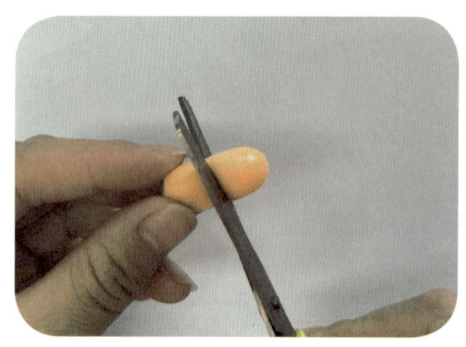 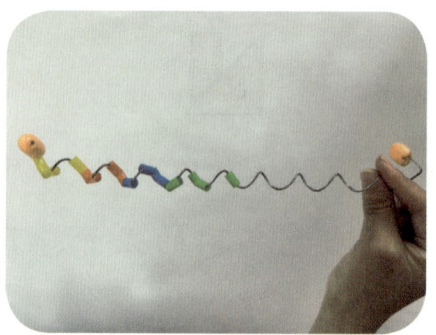

 **三 注意事项**

1.在缠绕、拉伸铁丝时,注意不要伤到自己。
2.在使用剪刀时,一定要小心,不要伤到自己或他人。

 四 科学原理

将螺旋状铁丝竖起时,由于受到重力的作用,彩色小吸管会沿着螺旋状铁丝向下滑动,在下滑过程中,因重力势能转化为动能,彩色小吸管的下滑速度会加快。由于小制作使用了 4 种不同颜色的吸管,在视觉上便形成了不断扭动的"彩虹蛇"。

中低段
(1—3年级)

会向上爬的蝴蝶

同学们都见过蝴蝶飞舞，但是你们见过蝴蝶向上爬吗？下面我们就来制作一只会向上爬的蝴蝶吧！

 准备材料

用彩色卡纸剪成的蝴蝶、小珠子、吸管、双面胶、细线、雪糕棍等。

 制作步骤

1. 用双面胶把两根吸管分别粘在蝴蝶的翅膀上，然后用剪刀剪去吸管超出蝴蝶轮廓的部分。

2. 将细线从蝴蝶的尾部穿过右侧的吸管，再从蝴蝶的头部穿过左侧的吸管。然后将两颗小珠子分别绑在细线的两端。

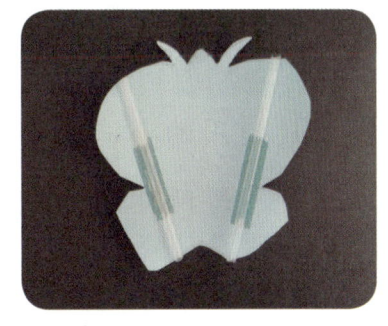

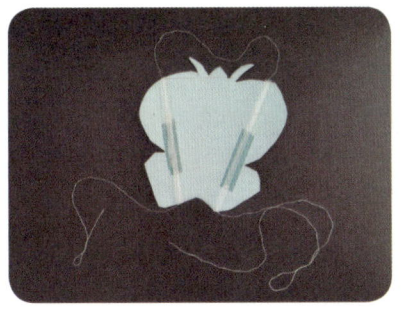
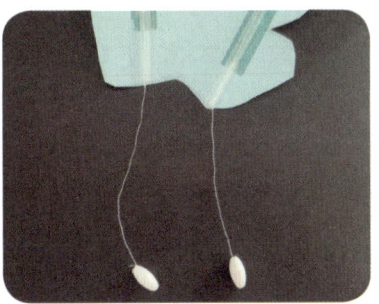

3.用小刀在雪糕棍的两端和中间分别刻出小凹槽。

4.在雪糕棍中间凹槽处系一小段细线（便于挂在墙上），然后将蝴蝶头部上方的细线拉出来，分别系在雪糕棍两端的凹槽处。会向上爬的蝴蝶就制作好了。

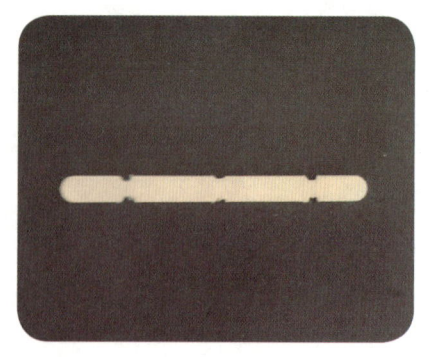

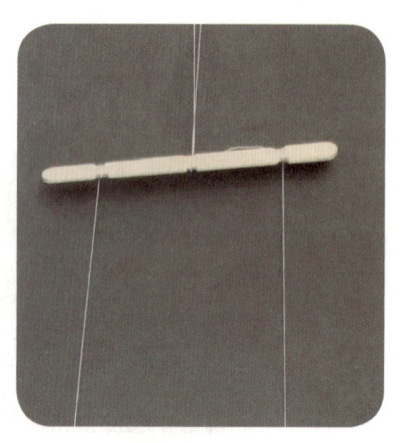

注意事项

1.使用的小珠子要有孔。

2.蝴蝶两侧的细线要一样长，雪糕棍要绑在细线的正中间。

3.在使用小刀和剪刀时，一定要小心，不要伤到自己或他人。

四 科学原理

当我们用双手不断交错上下拉动细线的时候，蝴蝶背面的吸管和细线之间会产生摩擦力，雪糕棍两端上下移动，细线的一侧被拉紧、另一侧变松弛，从而使蝴蝶向上"爬行"。

会跳舞的小人偶

人类的肢体灵活，可以做许多动作。下面我们就来制作一个会跳舞的小人偶吧！

 准备材料

彩色卡纸、小木棍、胶水、剪刀、工字钉、细线、铅笔、水彩笔。

 制作步骤

1. 将彩色卡纸对折，在彩色卡纸上画出小人偶的身体各部分，并用剪刀剪下来。

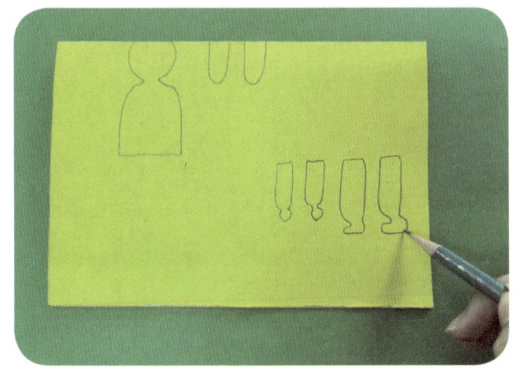

2. 用铅笔在小人偶的身躯上画四个点，再用工字钉在这四个点上穿孔。用同样的方法在小人偶的其他身体部位穿孔。

3. 打开对折的小人偶身躯部分卡纸，将小木棍用胶水固定在里面的中间位置。

4. 用细线将小人偶身体的各部分连接起来，正反两面都打上结。

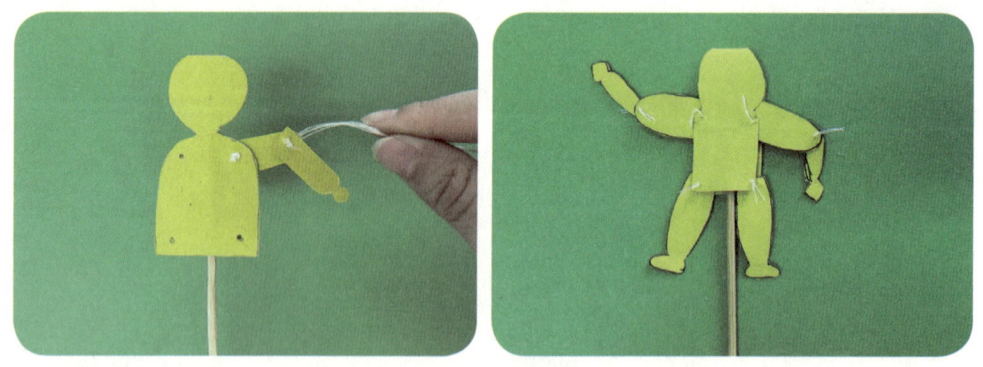

5. 给小人偶画上头发、眼睛、鼻子、嘴巴等，会跳舞的小人偶就制作好了。转动小木棍，小人偶就跳起优美的舞蹈了。

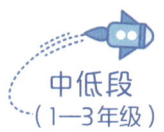

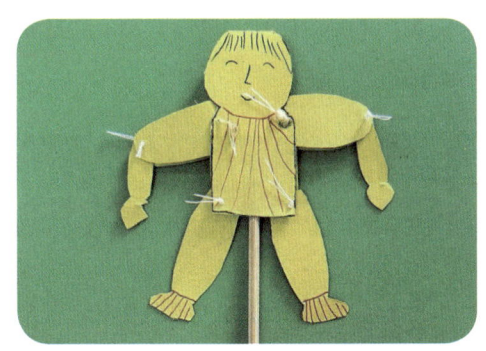

1. 在使用工字钉和剪刀时，一定要小心，不要伤到自己或他人。
2. 在使用胶水时，注意不要让胶水粘到手上或者衣物上。

四 **科学原理**

人的关节是可以活动的，肌肉带动骨骼绕着关节运动，从而完成各种动作。会跳舞的小人偶的"关节"是用细线连接起来的，这样既能固定"关节"，又能保持"关节"之间相对运动。转动小木棍，小人偶就可以跳舞了。

会发出蟋蟀叫声的瓶盖

同学们,有没有见过蟋蟀?有没有听过蟋蟀的叫声?下面我们就制作一个有趣的小装置来模仿蟋蟀的叫声吧!

 准备材料

毛线、瓶盖、四孔纽扣、橡皮筋、剪刀。

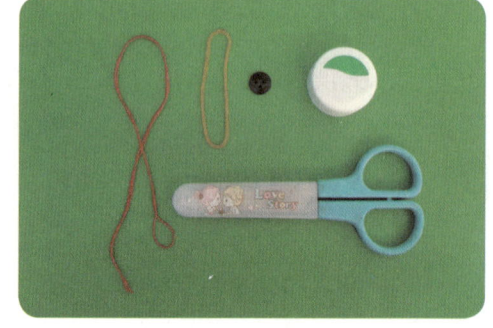

 制作步骤

1. 将毛线打结,每个结间隔约 2 厘米,然后将纽扣系在毛线的一端。

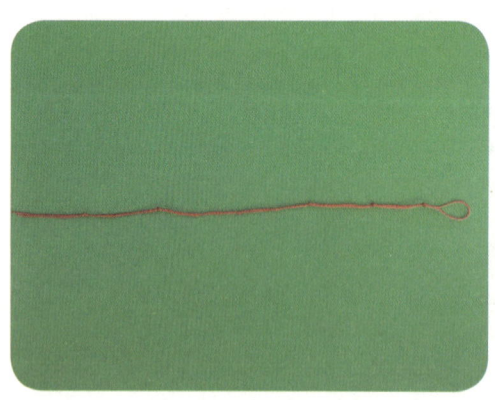 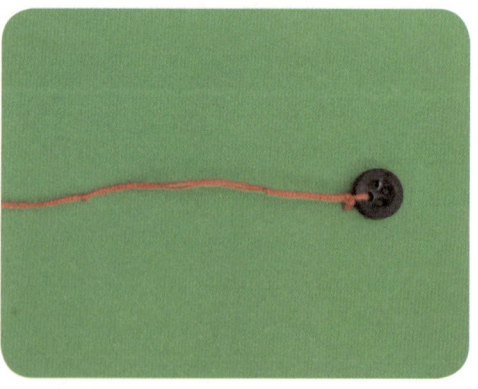

2. 用剪刀把橡皮筋剪开,把半截橡皮筋系在纽扣上,纽扣上系橡皮筋的孔与系毛线的孔刚好相对。

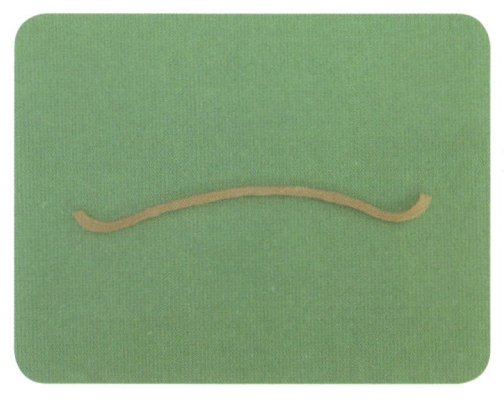 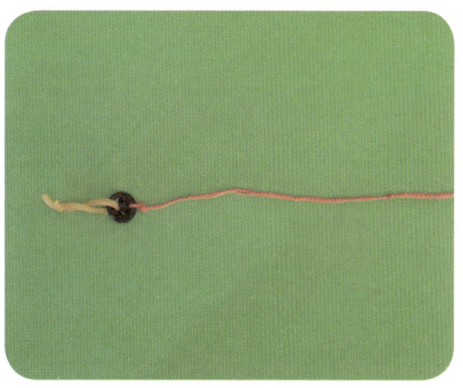

3.将橡皮筋的另一端套在瓶盖上。用右手拿着瓶盖,用左手轻轻地拨动毛线,就会听到非常悦耳的、像蟋蟀叫一样的声音。

 **注意事项**

1.需将毛线和橡皮筋牢牢地系在纽扣上。

2.制作过程中使用的四孔纽扣要比瓶盖小。

3.在使用剪刀时,一定要小心,不要伤到自己或他人。

 科学原理

声音是由物体的振动产生的。用右手拿着瓶盖,用左手轻轻地拨动毛线,穿在橡皮筋上的纽扣便会撞击瓶盖,瓶盖振动发出的声音很像蟋蟀的叫声。

向心力

同学们都知道月球绕着地球转,地球绕着太阳转,它们都在做圆周运动。你们知道它们为什么能做圆周运动吗?下面我们就通过一个简单的制作来一探究竟吧!

 准备材料

两根长短不一的小木棍、透明胶带、橡皮、剪刀。

 制作步骤

1. 剪下一截透明胶带,将其对折,做成条状带子。用条状带子将两根小木棍交叉固定。

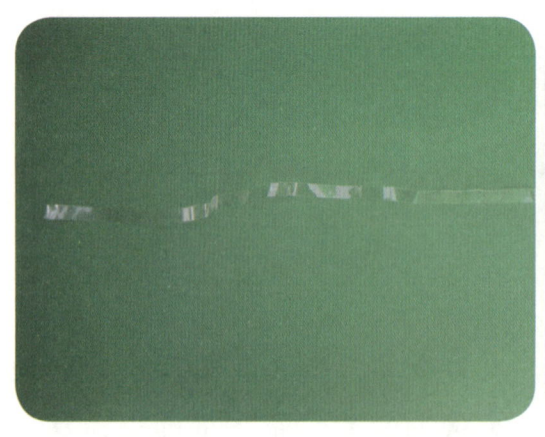

2. 将长木棍的一端插进橡皮里,向心力支架就制作好了。

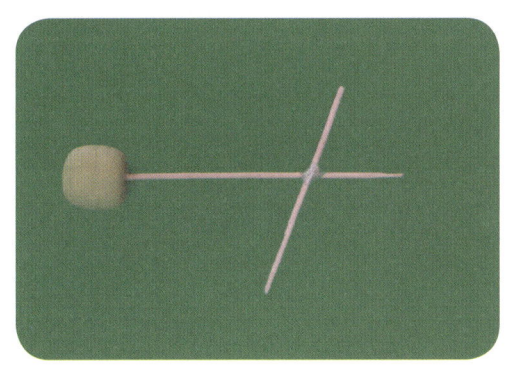

3. 把向心力支架放在食指上，转动支架，橡皮就会绕着食指做圆周运动了。

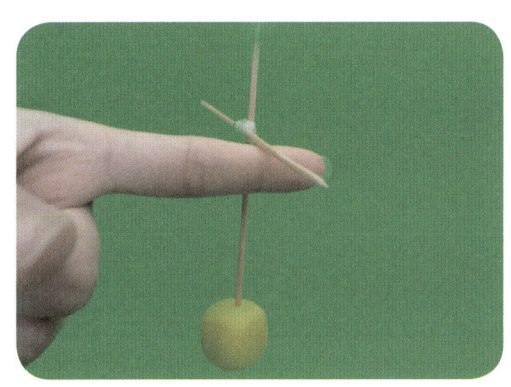

三 注意事项

1. 将两根小木棍交叉固定时，注意两根小木棍尽量不垂直。
2. 在使用小木棍和剪刀时，一定要小心，不要伤到自己或他人。

四 科学原理

做圆周运动的物体，其运动状态在不断变化，物体所受的合力总指向圆心，这个指向圆心的力就叫作向心力。向心力是由某个力或者几个力的合力提供的，是根据力的作用效果命名的。

简易水泵

俗话说："人往高处走，水往低处流。"同学们，你们有没有办法让水往高处流呢？下面我们就来制作一个简易水泵，见证一下水往高处流的奇迹吧！

一、准备材料

盆、带瓶盖的塑料瓶、剪刀、盛水容器、双面胶。

二、制作步骤

1. 用剪刀在塑料瓶的瓶盖中央钻一个小孔，然后在塑料瓶瓶身下部钻一个孔。

2. 剪下一小截双面胶，在双面胶三分之一处反折，然后将折好的双面胶对半剪开。

3. 将其中一半双面胶粘在瓶盖里小孔的旁边，将另一半双面胶粘在瓶身上小孔的旁边，确保没有黏性的那部分双面胶能盖在小孔上。

4. 拧紧瓶盖，将瓶口放进水里，然后持续挤压瓶身，水会慢慢从瓶口上升至瓶身小孔处，并从小孔喷出。

三 注意事项

1. 要尽量选择软一点的塑料瓶。
2. 在使用剪刀时，一定要小心，不要伤到自己或他人。

四 科学原理

简易水泵是利用大气压来抽水的。当瓶子内部的压强小于外部的大气压时，水就会在大气压的作用下被压入瓶子里；当瓶中水面的高度高于瓶身下部的小孔时，水便会从小孔里流出来。

会啄虫子的啄木鸟

"有种鸟儿本领高,尖嘴敲树把病瞧。发现病号不放松,人人称它树医生。"同学们,你们能猜出它是什么鸟儿吗?对,就是啄木鸟。下面我们来制作一只会啄虫子的"啄木鸟"吧!

一　准备材料

自行车辐条、圆珠笔笔芯、细铁丝、剪刀、透明胶带、纸板等。

二　制作步骤

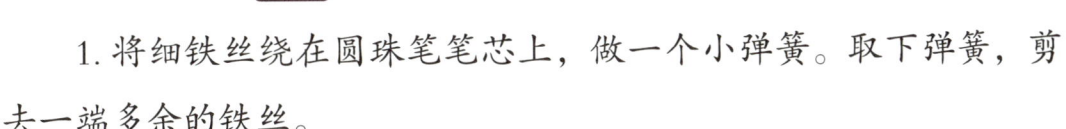

1.将细铁丝绕在圆珠笔笔芯上,做一个小弹簧。取下弹簧,剪去一端多余的铁丝。

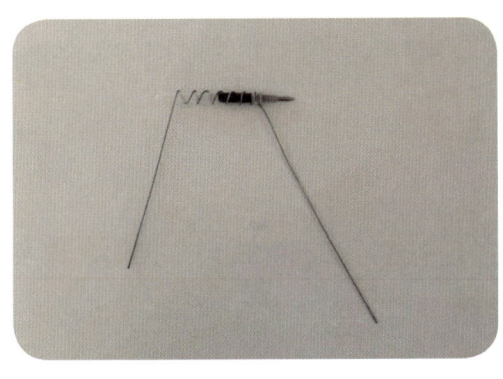
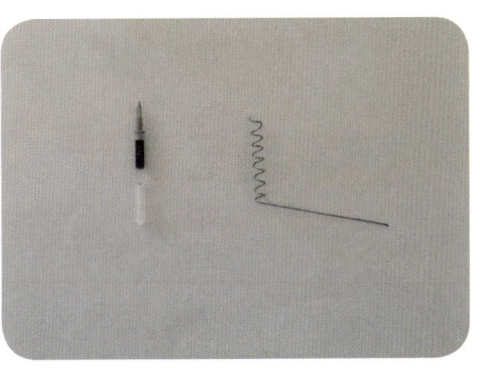

2.将纸板剪成啄木鸟的形状,并装饰"啄木鸟",然后将"啄木鸟"粘在弹簧末端铁丝伸长的一端。

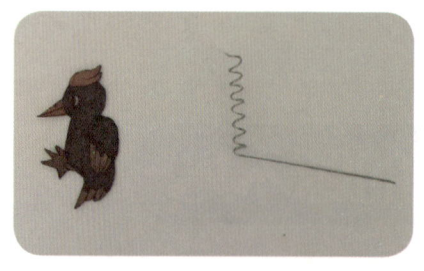 

3.将弹簧套在自行车辐条上。用纸板做一棵"大树",将自行车辐条粘在"大树"背后。立起"大树","啄木鸟"就会一蹦一蹦地向下运动,仿佛在不时地啄树干。

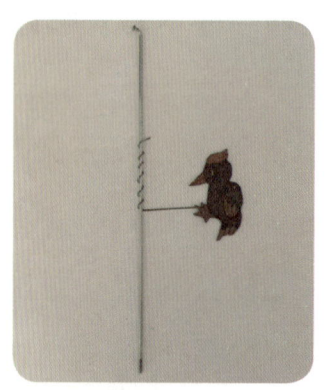 

三 注意事项

1.纸板要选择厚一些的,太薄或太轻都会影响效果。
2.在使用铁丝和剪刀时,一定要小心,不要伤到自己或他人。

四 科学原理

"啄木鸟"运动时,弹簧总是向自行车辐条倾斜,当弹簧与自行车辐条接触处的摩擦力等于弹簧和"啄木鸟"的重力时,"啄木鸟"即作短暂停留,而当接触处的摩擦力小于弹簧和"啄木鸟"的重力时,"啄木鸟"便会向下滑动,直到弹簧再次倾斜与自行车辐条接触……如此反复,"啄木鸟"会做周期性滑动。

"亲密"的吸盘

同学们,你们知道什么是皮搋子吗?皮搋子也叫水拔子,是用来疏通马桶的卫生用具。下面我们就用皮搋子制作一个"亲密"的吸盘,探究一下其中的科学原理吧!

皮搋子。

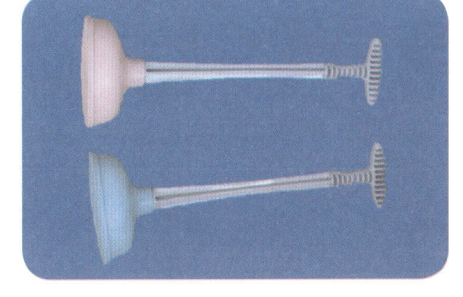

1. 把两个皮搋子的"嘴"对在一起,然后用力按压。把其中一个皮搋子按压到另一个皮搋子里,排出中间的空气。

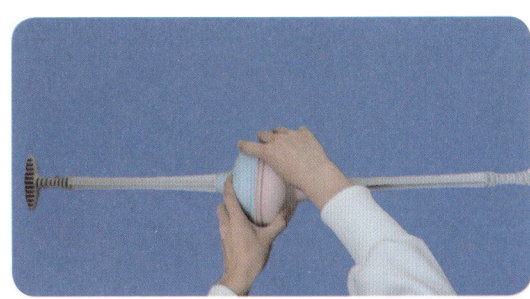 

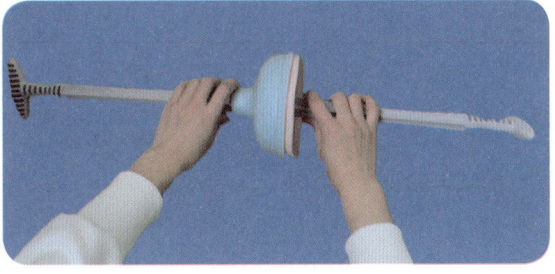

27

2.用双手抓住两个皮搋子的杆,用力向外拉,观察现象。再找一位小伙伴,两个人分别抓住一个皮搋子的杆,用力向外拉,观察现象。

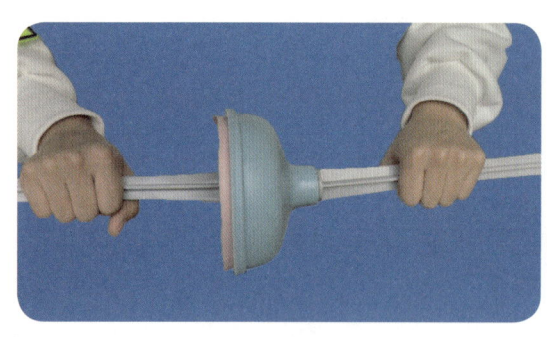 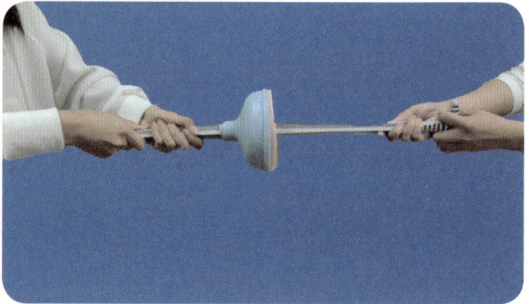

三 注意事项

用力向外拉皮搋子时,要注意安全,防止摔倒。

四 科学原理

两个皮搋子能够紧紧地吸在一起,是因为受到大气压的作用。两个皮搋子中间的空气全部被挤出去后,其内部呈真空状态,没有压力,而皮搋子周围存在大气压,内外的压力差使它们紧紧地吸在一起。

虹吸"泵"

在生活中,我们经常会看到农民伯伯用水泵灌溉农田。下面我们来制作一个虹吸"泵"吧!

 **准备材料**

装有水的水盆、塑胶管(直径2厘米、长50厘米)。

 制作步骤

1. 将塑胶管垂直放入装有水的水盆中。

2. 用左手握住塑胶管,右手手掌像阀门一样开放、关闭,当塑胶管向下移动时手掌开放,当塑胶管向上移动时手掌关闭。

 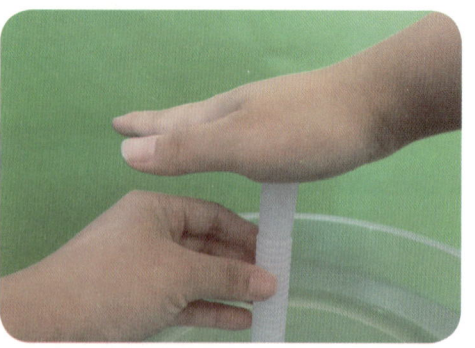

3.持续上、下移动塑胶管,并配合手掌一开一关的动作,盆里的水就会从塑胶管里喷出来了。

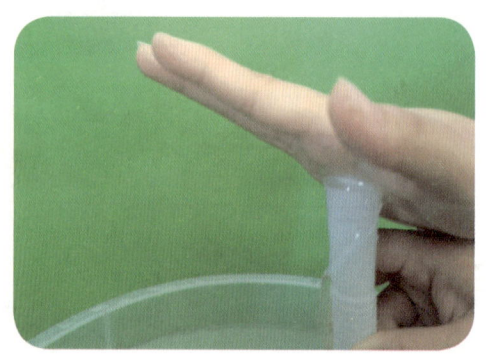

 注意事项

1.不可使用热水。

2.塑胶管两端要整齐平滑,防止划伤手。

3.在制作过程中,动作要平稳缓慢,反复多次尝试。

四 科学原理

本制作运用了虹吸原理。虹吸现象是液态分子间引力与位能差所造成的,即利用水柱压力差,使水上升后再流向低处。

颜色混合器

同学们，你们知道各种颜色的光是怎么形成的吗？下面我们就来做一个颜色混合器，探究一下斑斓的色彩吧！

 准备材料

白色纸板、不同颜色的塑料贴膜（红色、黄色、蓝色、绿色）、胶水、冰棒棍、摁扣、剪刀。

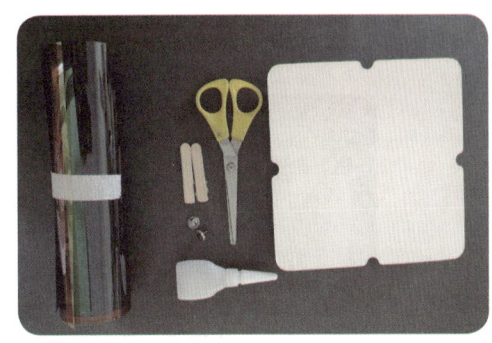

制作步骤

1. 在白色纸板上画1个圆，在圆上画6个相同的孔洞，孔洞的形状可以依据自己的喜好设计。然后用剪刀剪下来，在圆的中心戳1个小洞。用同样的方法再做1个相同的圆形纸板。

2. 从不同颜色的塑料贴膜上剪下比孔洞稍微大一些的小塑料片，共12片。将小塑料片依次贴在2个圆形纸板的背面。

3.用胶水将2根冰棒棍分别粘在2个圆形纸板的背面,注意不要把冰棒棍粘到小塑料片上。待胶水晾干后,用摁扣将2个圆形纸板扣在一起。转动冰棒棍,不同颜色的塑料贴膜会重合,就会出现各种颜色了。

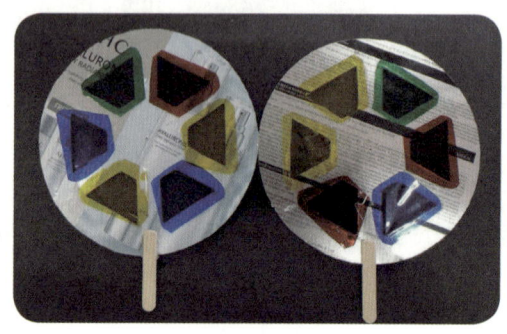 

注意事项

1.在使用剪刀时,一定要小心,不要伤到自己或他人。

2.在使用胶水时,注意不要让胶水粘到手上或者衣物上。

四 科学原理

本制作利用了颜色混合律。颜色混合律是指两种或两种以上的色光同时作用于视网膜的同一区域,或者不同颜色的颜料混合在一起引起视觉变化的规律。

悬浮球

乒乓球和吸管是大家非常熟悉的物品,如果把它们组合在一起,会出现怎样的科学现象呢?下面我们就来动手试一试吧!

 准备材料

乒乓球、弯头吸管。

 制作步骤

1. 将弯头吸管折成90°,然后把乒乓球放在吸管一端管口处。

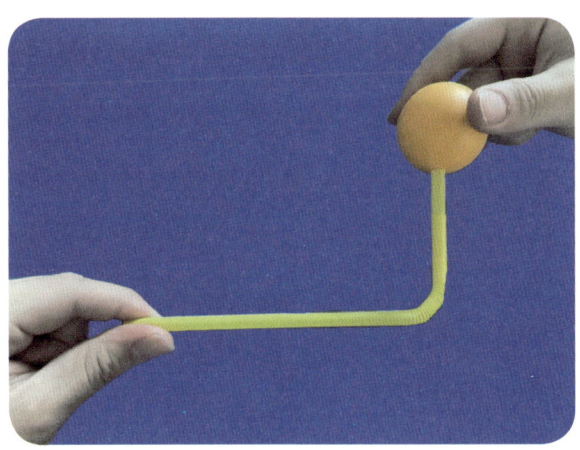

2. 在吸管另一端用力吹气并轻轻放开乒乓球,会看到乒乓球悬浮在空中,并不停地转动。

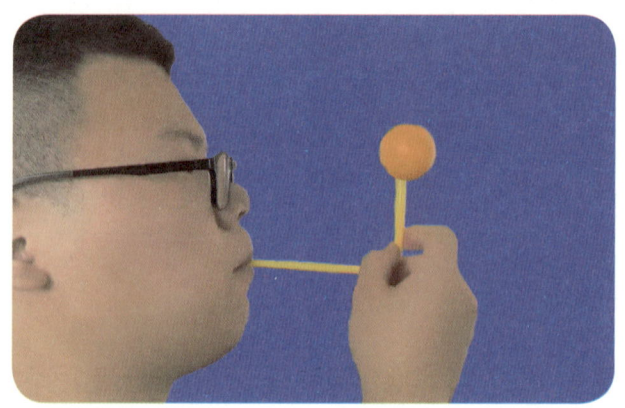

三 注意事项

吹气时，应先将乒乓球放在吸管口的正上方。

四 科学原理

伯努利原理是指在一个流体系统（如气流、水流）中，流速越慢，流体产生的压力越大，反之则越小。悬浮的乒乓球在气流中不停地运动，当乒乓球偏向气流的左边时，左边的气流流速变慢，气流对乒乓球的压力变大，在压力的作用下，乒乓球会被压回气流的中心处，乒乓球就是这样在动态中保持平衡的。

自制简易喷泉

同学们一定见到过造型各异的喷泉。喷泉不仅能美化环境,还能湿润、净化空气。下面我们来制作一个简易喷泉吧!

 准备材料

水杯、泡沫塑料小球、双面胶、吸管、剪刀。

 制作步骤

1. 将一根吸管按照1∶2的比例剪成两段。用双面胶将泡沫塑料小球粘在两根吸管的交接处,使两根吸管的夹角为90°。

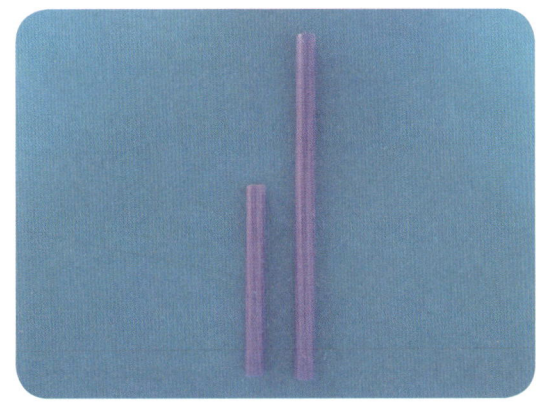 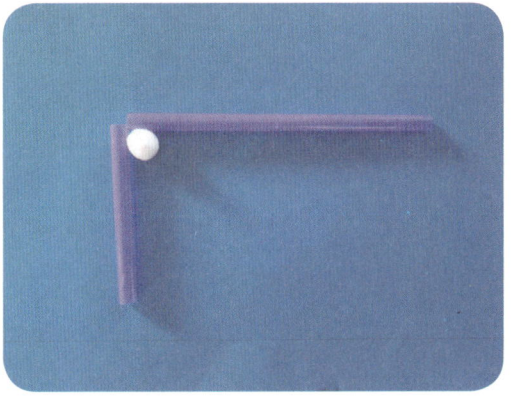

2. 将短吸管垂直插入水中,使长吸管与水面平行。对着长吸管的管口不断用力吹气,在两根吸管的交接处就会有水雾不断地从短

吸管喷出，如喷泉一般。

 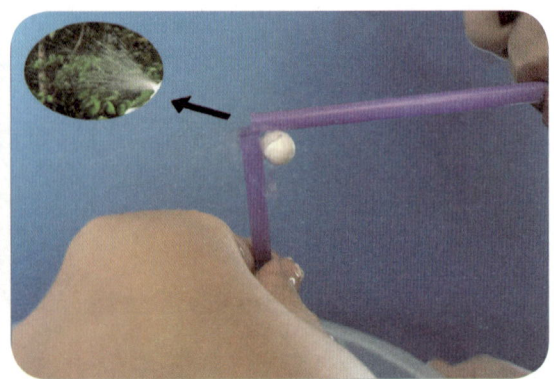

三 注意事项

1. 要对着长吸管的管口不停地用力吹气，以便形成持续的水雾。
2. 在使用剪刀时，一定要小心，不要伤到自己或他人。

四 科学原理

对着长吸管的管口吹气时，两根吸管交接处的气流速度较快，压强较小，而水面处的气压是正常的大气压，水面上的大气压会把水往短吸管里压，水就会从短吸管上端管口喷出。喷出来的水又被长吸管吹出来的空气吹散，就形成了水雾。

神奇的丁达尔效应

大自然中有很多美丽而神奇的现象,比如当我们走在雨后的森林里,或者在晨光中穿过浓雾时,会发现阳光倾泻下一条条"光路"。造成这种现象的原因是什么呢?下面我们就来一探究竟吧!

一 准备材料

激光笔、滴管、干净的透明玻璃瓶、肥皂水。

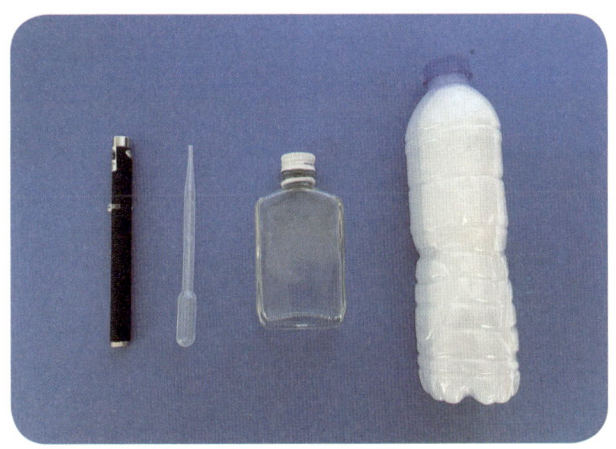

二 制作步骤

1. 向一个玻璃瓶中加入清水,用激光笔照射玻璃瓶中的清水,未出现明显现象。

2. 用滴管向另一个玻璃瓶中加入适量的肥皂水并摇晃均匀，再用激光笔照射玻璃瓶中的肥皂水，便出现了一条光亮的"通路"。

 **注意事项**

1. 不能用激光笔照射人的眼睛。
2. 要按照先清水、后肥皂水的顺序进行实验，以免液体混淆。

 科学原理

当一束光线通过胶体时，从垂直入射光的方向可以观察到胶体里出现一条光亮的"通路"，这种现象叫作丁达尔现象，也叫丁达尔效应。

以柔克刚

同学们,你们能将吸管扎进土豆中吗?下面我们就来试一试吧!

 准备材料

土豆、吸管。

 制作步骤

1. 用手握住吸管下部,将吸管扎向土豆,会发现吸管变弯,扎不进去。

2. 用大拇指堵住吸管的一端,然后将吸管的另一端用力扎向土豆,会发现吸管很容易就扎进土豆中。若力气再大一些,甚至能扎穿土豆。

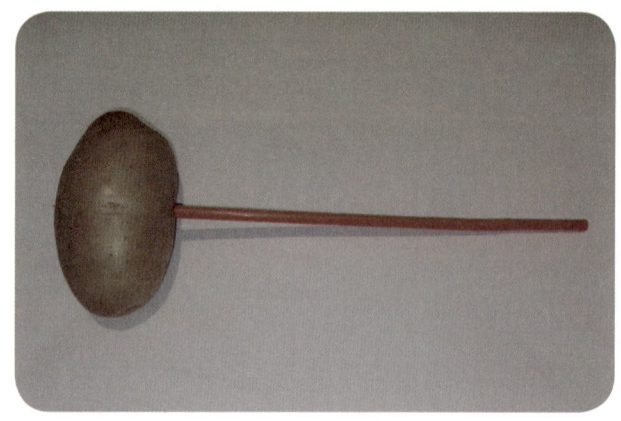

 注意事项

在使用吸管时,要注意安全,不要戳伤手。

四 科学原理

当细长的吸管扎向土豆时,由于吸管的强度低、柔度大,会出现失稳现象,变弯曲,无法扎进土豆。当用大拇指堵住吸管的一端,再将其扎向土豆时,吸管内的空气处于密闭状态,随着扎进深度的增加,吸管内的空气被压缩的程度就越大,从而增强了吸管的刚度、强度和抗弯曲能力,吸管就扎进土豆中了。

"听话"的吸管

同学们,你们可以在不触碰吸管的情况下让它转动起来吗?下面我们就来动手试一试吧!

 准备材料

三根长短不一的吸管、针、鞋带(或毛线)、橡皮。

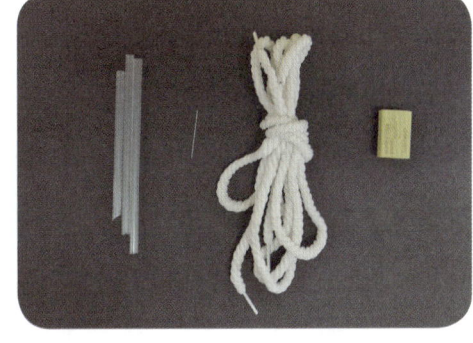

 **制作步骤**

1.将一根吸管插进橡皮里,在第二根吸管中间的位置穿一根针。

 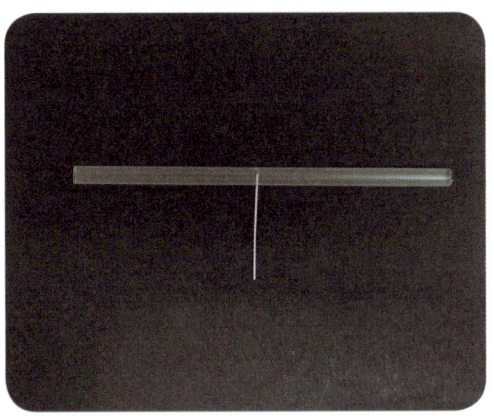

2.将针的尾部放进第一根吸管内,然后用鞋带摩擦第二根吸管的两端。

3. 用鞋带摩擦第三根吸管的一端。再将摩擦后的第三根吸管慢慢靠近第二根吸管，第二根吸管就转动起来了。

 **注意事项**

1. 多摩擦几下吸管，效果会更好。
2. 在使用针时，注意不要扎到手。

 科学原理

摩擦后的吸管带有电荷，根据同种电荷相互排斥的原理，将摩擦后的第三根吸管靠近原本静止的第二根吸管时，它们之间会产生相互排斥的力，静止的吸管便转动起来了。

高台上的"舞者"

同学们,你们喜欢跳舞吗?当舞蹈演员在台上旋转、跳跃时,你们会不会也跃跃欲试呢?下面我们就来制作一个在高台上"跳舞"的"舞者"吧!

一 准备材料

小木棍、牙膏盖(外表有凹槽)、纸杯、胶水、硬纸板、细铁丝、三角尺、剪刀、透明胶带、泡沫球、回形针、彩色卡纸。

二 制作步骤

1. 用剪刀分别在两个牙膏盖中央扎一个圆孔,在两个圆孔中分别穿进一根小木棍。把硬纸板剪成两个相同的矩形,然后分别在两张矩形硬纸板的相同位置上扎四个圆孔。

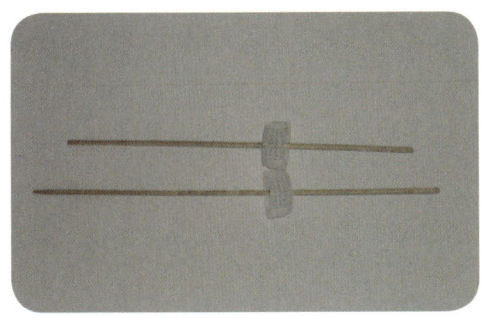
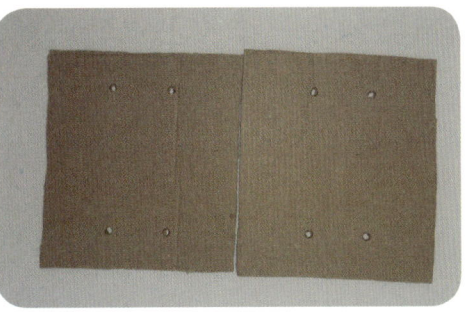

2. 把纸杯的杯底剪下来，将彩色卡纸剪成扇叶的形状，然后将其粘在纸杯杯底，做成风扇。再用细铁丝和泡沫球制作一个小人。

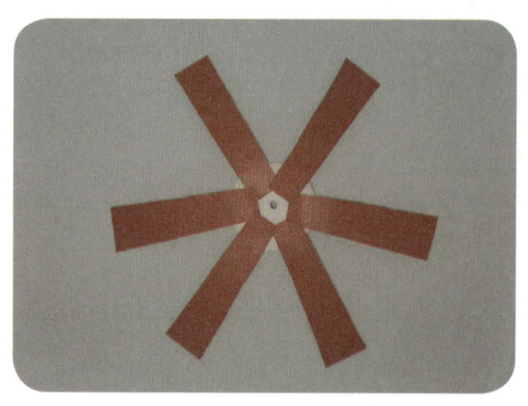 

3. 将两根长木棍分别穿过硬纸板，用透明胶带和胶水将牙膏盖与木棍固定住，使牙膏盖的凹槽相扣。在两块硬纸板之间再穿进两根短木棍，用透明胶带固定住。

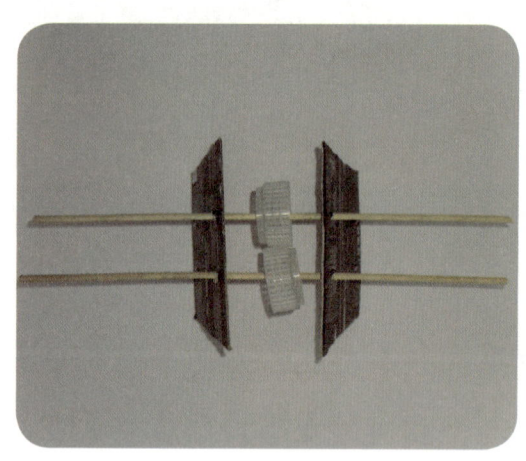 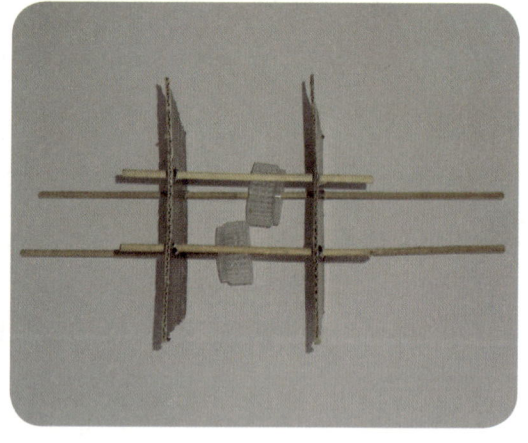

4. 把小人固定在其中一根长木棍上，保持两根长木棍高度一致。把风扇粘到另一根长木棍的一端，会跳舞的小人就制作好了。转动风扇，"舞者"就跳起舞来了。

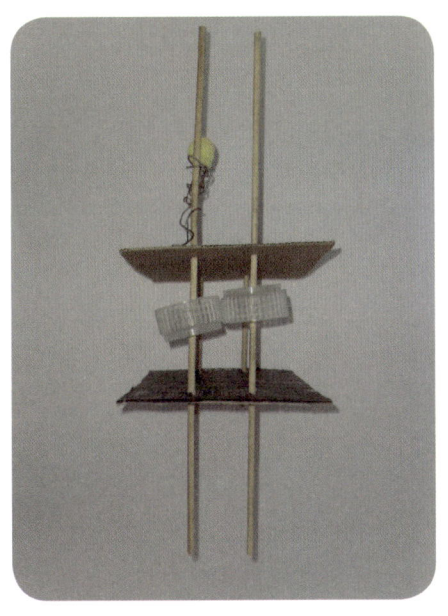 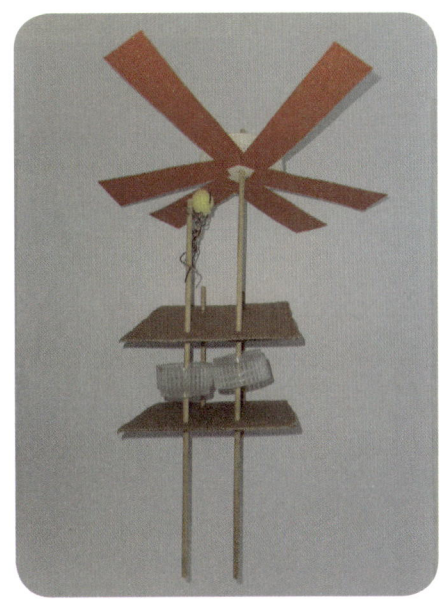

 注意事项

1. 尽可能地选择质地较硬、凹槽比较深的牙膏盖。
2. 在使用细铁丝和剪刀时，一定要小心，不要伤到自己或他人。

科学原理

牙膏盖上的凹槽可以看作齿轮的齿槽，两个同样大小、相互咬合的牙膏盖，可做成啮合的齿轮。风扇转动，带动连接风扇的那根木棍转动，从而带动牙膏盖转动，便能使风扇与铁丝小人共同旋转。

自制小风扇

炎热的夏天，人在活动后汗水总是控制不住地从额头上往下流，此时要是有一台风扇该多好啊！下面我们就来制作一台小风扇吧！

 **准备材料**

小齿轮、大齿轮、剪成叶片状的塑料瓶（带瓶盖）、橡皮泥（或超轻黏土）、鞋盒（或硬纸板）、小棒、吸管等。

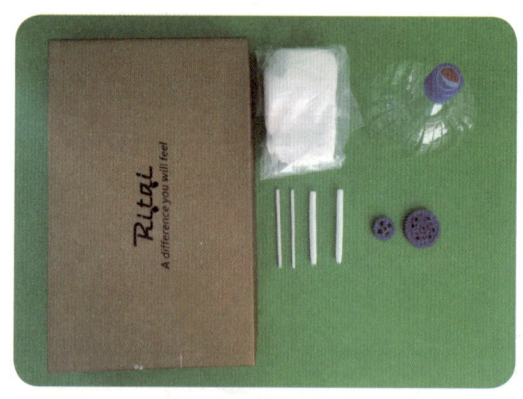

 制作步骤

1. 在鞋盒上钻两个孔，将两根吸管插入孔中。
2. 将两根小棒分别插入大齿轮和小齿轮中间的孔中。

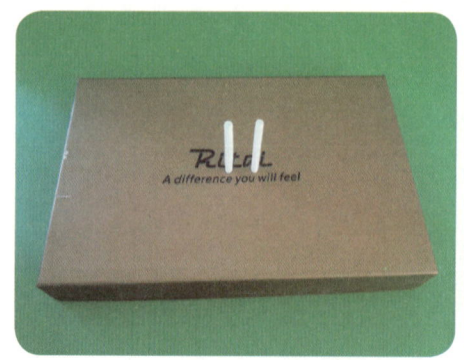

3. 在塑料瓶的瓶盖上钻一个孔，将带有小齿轮的小棒插入孔中。

4. 用橡皮泥做一个小人，并将其放在大齿轮上。

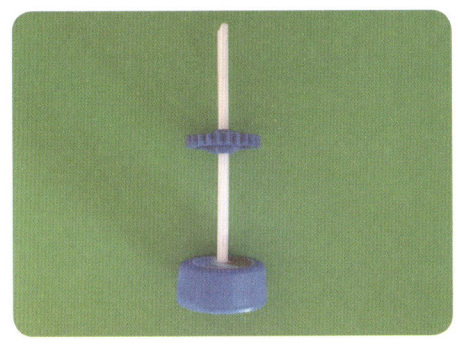

5. 将两根小棒分别插进鞋盒上的吸管中，使大、小齿轮相啮合，简易小风扇就制作好了。转动大齿轮，剪成叶片状的塑料瓶便会转动起来。

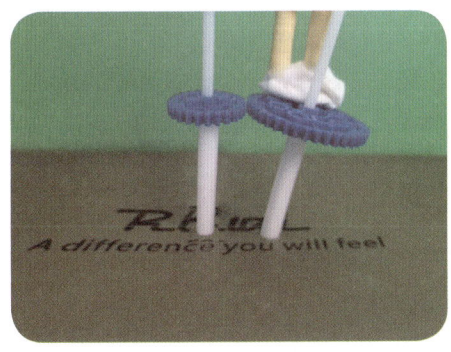
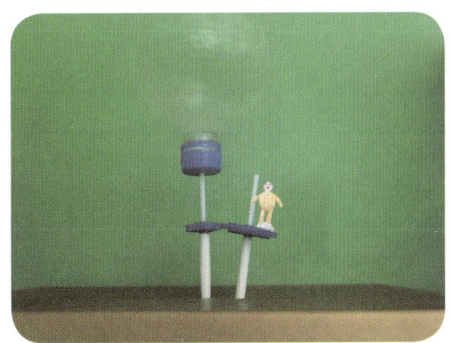

三、注意事项

1. 应选择中间带孔的大齿轮和小齿轮。

2. 应选择较硬、较厚的鞋盒，将吸管固定牢。

四、科学原理

本制作运用了齿轮传动的原理。大齿轮转动带动小齿轮转动，小齿轮转动又带动被剪成叶片状的塑料瓶转动。

会旋转的铜线圈

我们经常会在理发店门口看到不停旋转的圆柱状灯管,那你们能让铜线圈也不停旋转吗?下面我们来试一试吧!

一 准备材料

5号电池、铜线圈、纽扣磁铁、环形磁铁等。

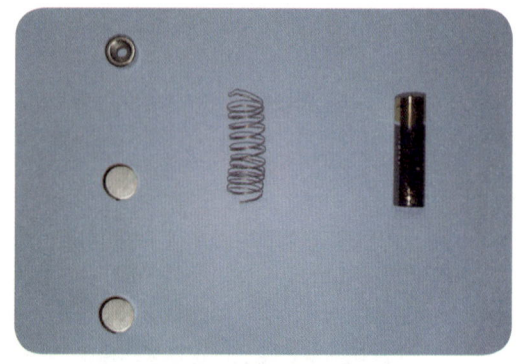

二 制作步骤

1. 将两块纽扣磁铁吸在5号电池的负极上,注意它们的中心应在一条直线上。将一块环形磁铁吸在电池的正极上。

2. 用小刀将铜线圈两端表面上的漆刮掉,然后将其一端放在电池的正极上,另一端紧贴电池负极的磁铁边沿,这时螺旋状铜线圈便会旋转起来,注意观察铜线圈旋转的方向。将电池的正、负极对

调，观察铜线圈旋转的方向。

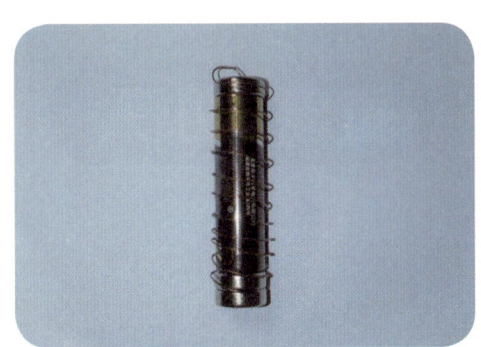

 注意事项

1. 磁铁质脆，要轻拿轻放，以免摔碎。
2. 要注意磁铁的磁极方向。
3. 在使用小刀时，一定要小心，不要伤到自己或他人。

 科学原理

电池、磁铁、铜丝圈形成了一个闭合的回路，铜线圈在磁场中受力的作用而旋转起来。

推磨的小人

生活中随处可见快递纸盒。废弃的快递纸盒有哪些用处呢？下面我们就用快递纸盒来制作一个推磨的小人吧！

 一 准备材料

瓦楞纸、硬纸板、剪刀、透明胶带、瓶盖（一大一小）、超轻黏土、吸管、竹签等。

 二 制作步骤

1. 用硬纸板围成一个长方体，用短竹签固定，然后用透明胶带将硬纸板连接处加固。

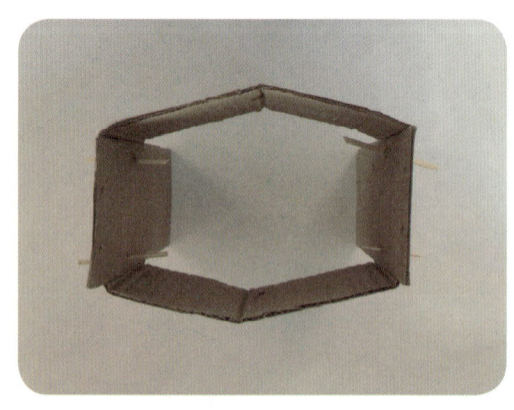

2. 用超轻黏土做一个圆柱体，外面一圈用瓦楞纸包裹起来。在

长方体两侧的硬纸板中央各戳一个孔，将两根吸管分别插入孔中，再将一根竹签依次穿过吸管、圆柱体、吸管。

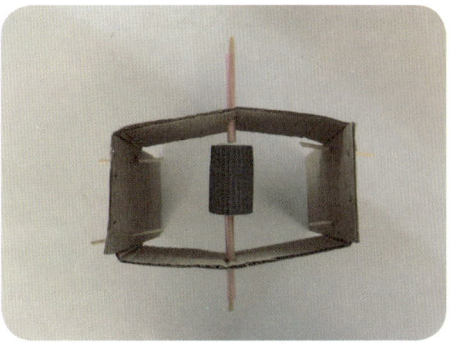

3. 将瓦楞纸粘在纸板上，然后将两根长竹签按如图所示的方式穿过硬纸板。

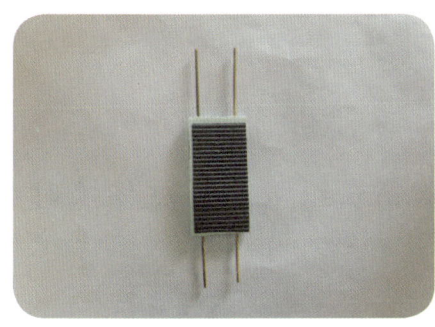

4. 先在大瓶盖中间和边缘处各钻一个孔，在边缘处的孔中插入一根短竹签，再在小瓶盖中间钻一个孔。将插着圆柱体的竹签先插入小瓶盖的孔中，再插入大瓶盖中间的孔中，使大瓶盖套在小瓶盖上。

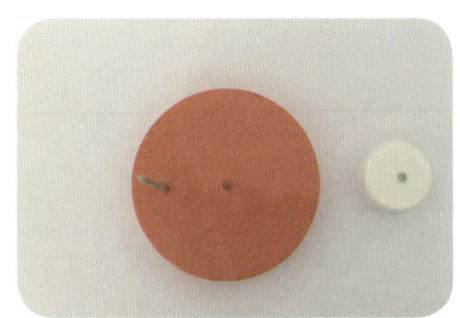

5. 用超轻黏土和吸管制作一个小人。将小人的胳膊固定在大瓶盖边缘的竹签上，将小人的脚粘在桌面上，推磨的小人就制作好了。转动插着圆柱体的竹签，小人便运动起来，好像在推磨一样。

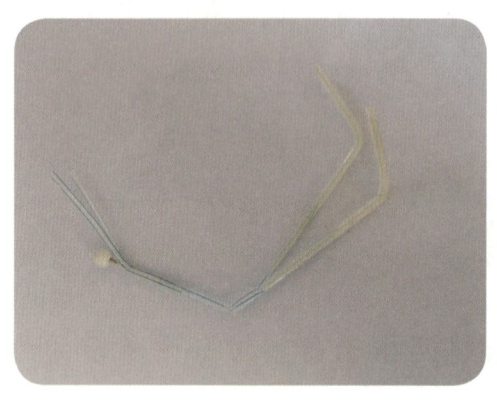 

三 注意事项

1. 在使用剪刀时，一定要小心，不要伤到自己或他人。

2. 瓦楞纸容易折叠，将瓦楞纸粘在纸板和圆柱体上时要粘牢固，以防脱落。

四 科学原理

本制作运用了齿轮传动的原理。转动插着圆柱体的竹签，圆柱体外侧的瓦楞纸与长方体硬纸板上面的瓦楞纸充分接触后会产生滚动摩擦力，使长方体硬纸板上方的纸板来回移动，小人也随之运动。

无墨画笔

同学们，你们相信一支笔不用墨水也能画出美丽的画吗？下面我们就来试一试吧！

 一 准备材料

纸板、深色鞋带、笔管、塑料杯、粗吸管、白色魔术贴、剪刀等。

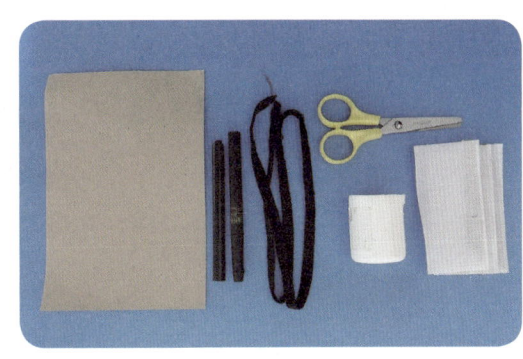

 二 制作步骤

1. 将魔术贴的刺毛面朝外，背面用胶水粘贴在纸板上，魔术贴画板就制作好了。

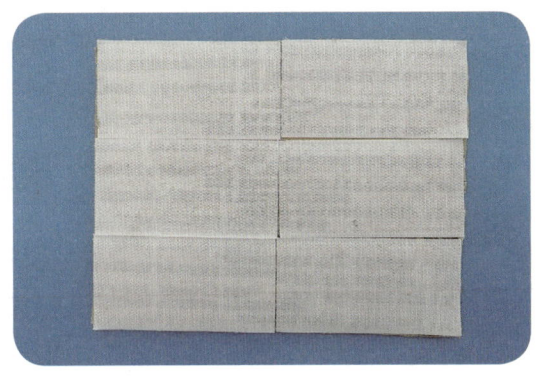

2. 用剪刀在塑料杯杯底开一个洞，再在杯身相对的两侧各开一个洞，将粗吸管从杯身两侧的洞中穿过。

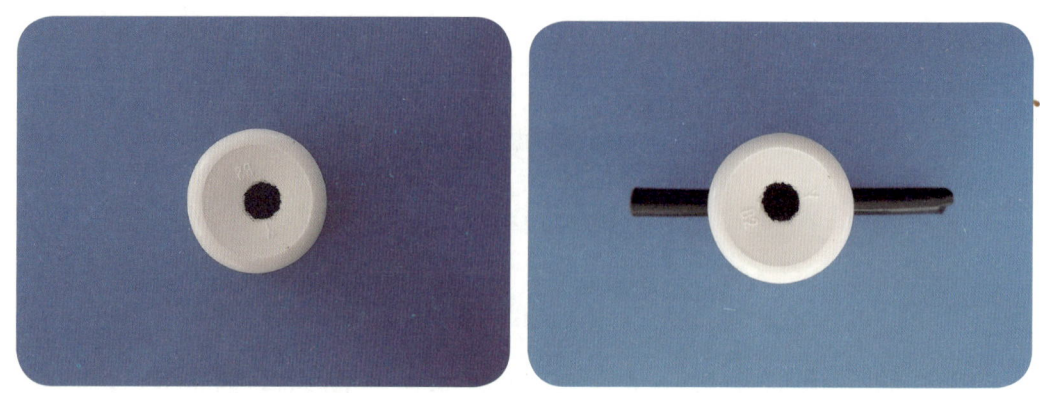

3.将鞋带从笔管中穿过,在靠近笔尖处打一个结。

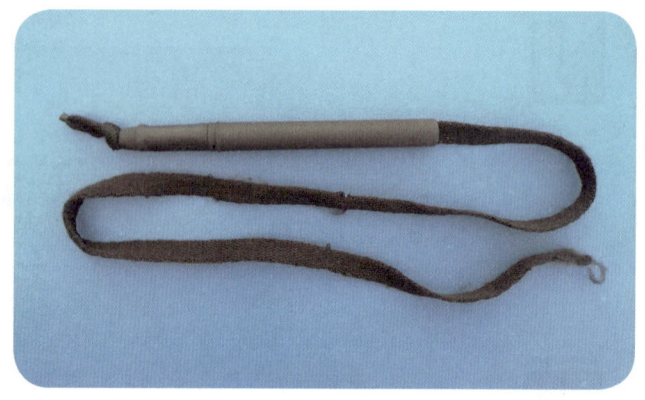

4.将鞋带的另一端穿过塑料杯杯底的洞,然后系在贯穿杯子的粗吸管中间。

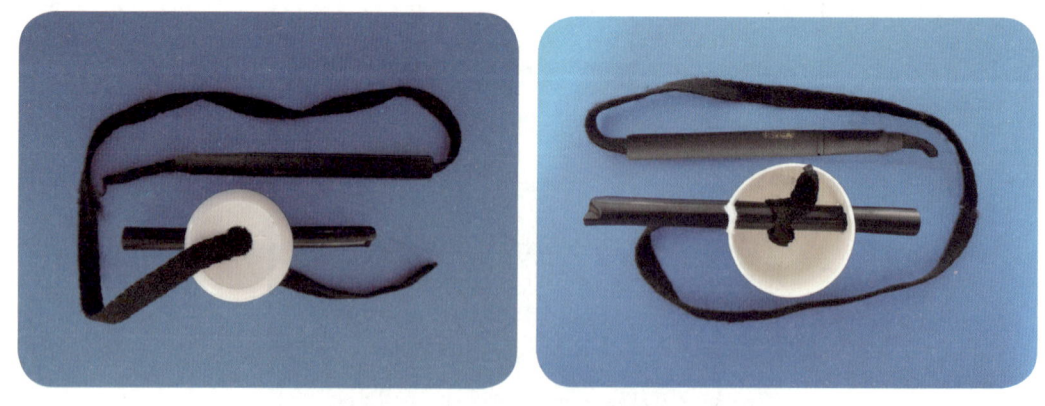

5.将笔管的顶部卡在塑料杯杯底的洞中,转动粗吸管,便可将鞋带缠绕在粗吸管上,直到笔尖正好卡住鞋带的结,然后便可以用

无墨画笔在魔术贴画板上"画画"了。

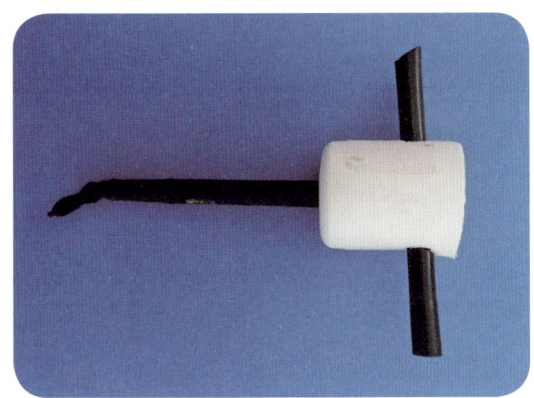

三 注意事项

1. 鞋带靠近笔尖的一端要打一个结，避免鞋带从笔管中脱落。
2. 在使用剪刀时，一定要小心，不要伤到自己或他人。

四 科学原理

本制作利用了魔术贴刺毛钩住鞋带上的纤维而形成图案的原理。魔术贴的刺毛面上有许多类似于小钩子的刺，这些钩状小刺能够钩住鞋带上的纤维，从而形成图案。

会旋转的小纸片

用什么办法可以让静态的白纸旋转起来呢?下面我们通过一个小制作来探索一下吧!

 准备材料

橡皮、吸管、白纸(长10厘米、宽5厘米)、餐巾纸。

 制作步骤

1. 将吸管插入橡皮中,尖端朝外。

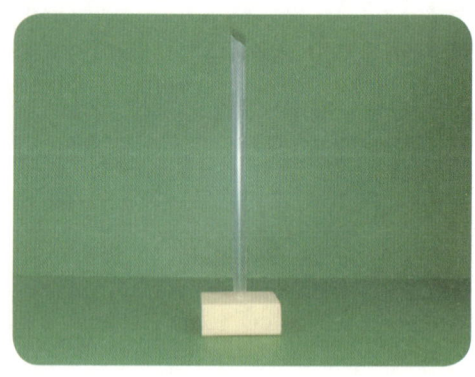

2. 将长方形白纸十字对折,然后将白纸的对折中心点置于吸管尖端。

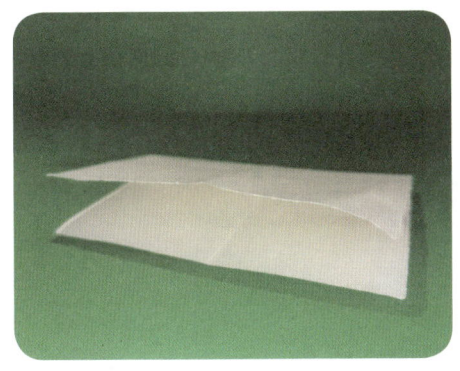

3. 另取一根吸管，用餐巾纸反复摩擦。将摩擦过的吸管轻轻靠近置于吸管尖端的白纸，白纸便会随着吸管旋转起来。

三 注意事项

将吸管插入橡皮时，注意不要被吸管的尖端扎伤。

四 科学原理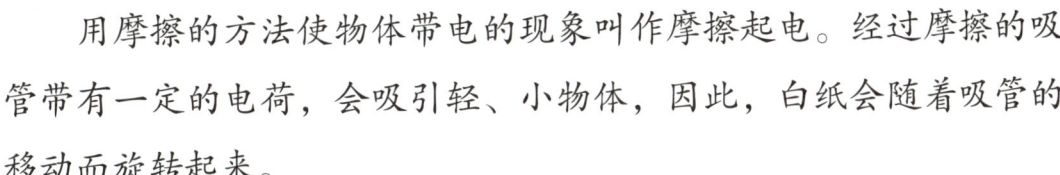

用摩擦的方法使物体带电的现象叫作摩擦起电。经过摩擦的吸管带有一定的电荷，会吸引轻、小物体，因此，白纸会随着吸管的移动而旋转起来。

"蹦蹦跳跳"的蝗虫

蝗虫是一种常见的昆虫，它们在草丛中总是一蹦一跳的。下面我们就来制作一只"蹦蹦跳跳"的蝗虫吧！

 一 准备材料

手机振动器、5号电池、细铁丝、绝缘胶布、双面胶、彩色卡纸、笔、剪刀。

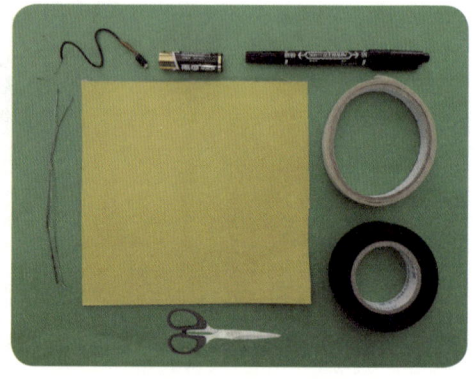

 二 制作步骤

1. 在彩色卡纸上画出蝗虫的头部、腹部、尾部及三对足，并用剪刀将它们剪下来。再将它们按照如图所示的方式粘在一起，并在蝗虫的头部画出两只眼睛。

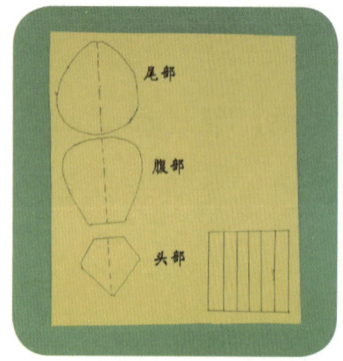  

中低段
（1—3年级）

2. 用绝缘胶布将手机振动器导线的两根金属丝与电池的两极粘在一起，将多出来的电线缠绕在电池侧面，并用绝缘胶布固定住。

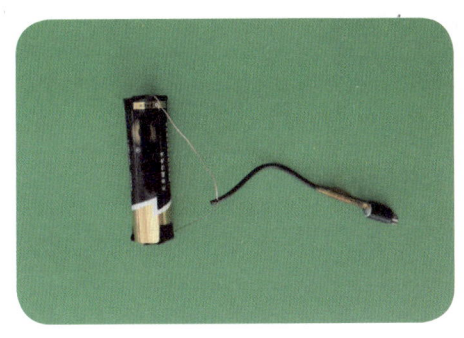 

3. 用两根细铁丝制作支撑架，使电池可以立在桌面上。用双面胶将做好的蝗虫粘在电池上方，"蹦蹦跳跳"的蝗虫就制作好了。

 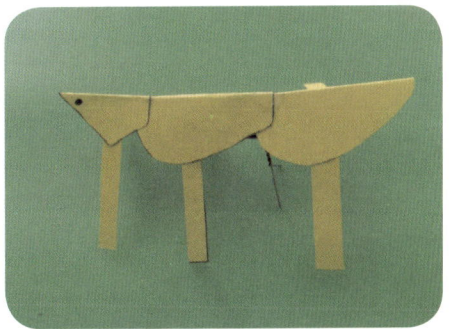

三 注意事项

1. 不要将电池置于阳光下暴晒或沾上水。
2. 在使用剪刀时，一定要小心，不要伤到自己或他人。

四 科学原理

手机振动器的导线与电池正、负极相连形成闭合回路，产生电流，使得手机振动器开始振动，从而带动电池产生共振，进而带动蝗虫"蹦蹦跳跳"。

磁生电

同学们,你们见过磁生电吗?下面我们就一起探究神奇的磁生电现象吧!

 **准备材料**

彩色卡纸、瓶盖、木棒、光盘、发光二极管、铜丝、强力磁铁、木板、胶水、双面胶等。

 制作步骤

1. 在一张光盘上用双面胶固定四个由铜丝绕成的线圈,然后在每个线圈上连接一个发光二极管。在另一张光盘上粘贴四块强力磁铁。

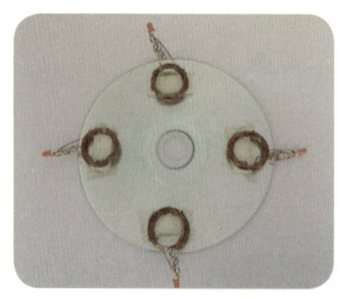 

2. 在木板对角线相交的地方固定一根木棒。用胶水将粘有铜线圈的光盘粘在木板上,粘有铜线圈的一面朝上。在瓶盖上戳一个孔,

将它穿在木棒上，再用胶水把它固定在粘有铜线圈的光盘上。

 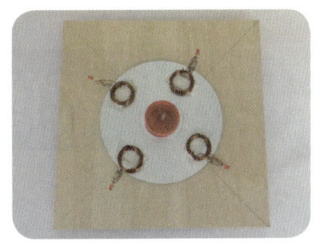

3. 将彩色卡纸剪成与光盘一样大小的圆形，在圆形卡纸中间挖一个孔，用笔画出如图所示的线条。将圆形卡纸粘贴到粘有强力磁铁的光盘背面，然后将粘有强力磁铁的光盘套在木棒上，粘有强力磁铁的一面朝下，在圆形卡纸中心用胶水固定一个黑色瓶盖。

4. 转动黑色瓶盖，二极管便会发光。

  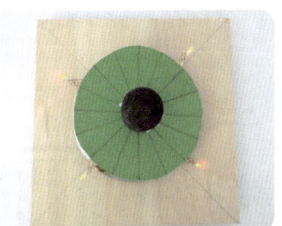

三 注意事项

1. 将发光二极管连接到铜线圈上时要形成闭合电路。
2. 铜线圈和磁铁要粘贴牢固，避免旋转时吸连。
3. 瓶盖要固定牢，以防旋转时松动。

四 科学原理

本制作利用的是磁生电原理。当闭合电路的一部分导体在磁场中做切割磁感线运动时，导体中会产生电流。这种导体在磁场中运动而产生电流的现象叫作电磁感应，产生的电流叫作感应电流。

"走钢丝的杂技演员"

同学们,你们在电视上看过杂技演员在高空中走钢丝的表演吗?真是惊险又刺激啊!下面我们就来制作一个"走钢丝的杂技演员"吧!

 一 准备材料

木板、自行车辐条、硬纸板、磁铁、剪刀、细线、笔、螺丝刀等。

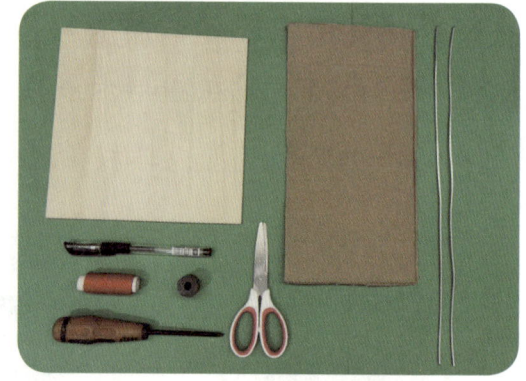

二 制作步骤

1. 用螺丝刀在木板两边相对称的位置各扎一个孔,将两根自行车辐条插进孔里,并在自行车辐条顶端系上一根细线。

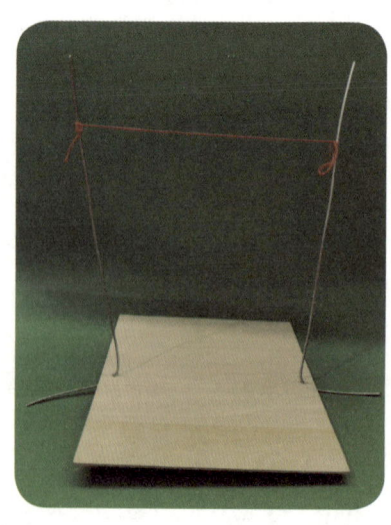

2. 在硬纸板上画一个弧形和人形，然后用剪刀剪下来。

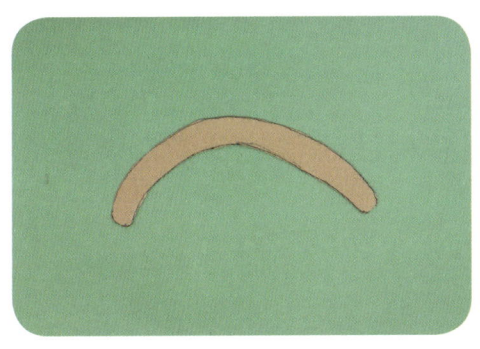

3. 将纸板人和弧形纸板用订书机钉在一起。把四块磁铁分别吸在弧形纸板的两端，在纸板人的两只脚中间剪出"V"字形。

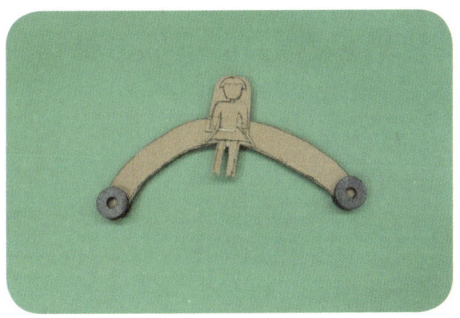

4. 把纸板人的两只脚一前一后放在细线上，轻轻摇动纸板人，纸板人能稳稳地站在细线上。

三 注意事项

1. 在使用剪刀时，一定要小心，不要伤到自己或他人。

2. 磁铁要大小一样，可通过调整磁铁的摆放位置来调整纸板人的平衡。

四 科学原理

在无其他外力的情况下，纸板人只受到重力与支持力，这两个力大小相同、方向相反，相互抵消；纸板人的重心低于支点，重心越低越稳定，所以轻轻摇动纸板人，纸板人也能稳稳地站在细线上。

巧做美丽的花

信封可以装书信、文件等。人们在使用信封后，一般会把信封丢弃。下面我们就来用废弃的信封制作一朵美丽的花吧！

 一 准备材料

信封、剪刀、透明胶带、水彩笔、中性笔、直尺。

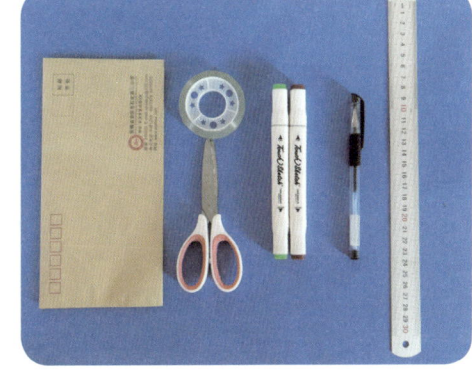

 二 制作步骤

1. 在距离旧信封长边约1厘米的位置画一条平行于信封长边的线，再垂直这条线画平行线，相邻两条线的距离相等。画好后，将信封的两端剪掉。

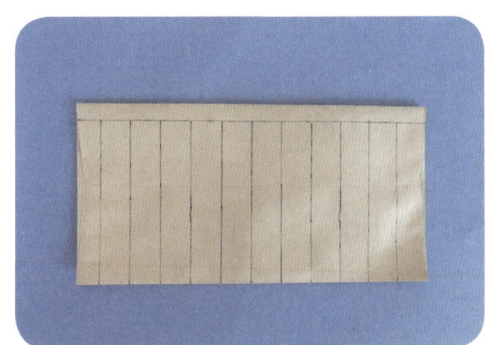
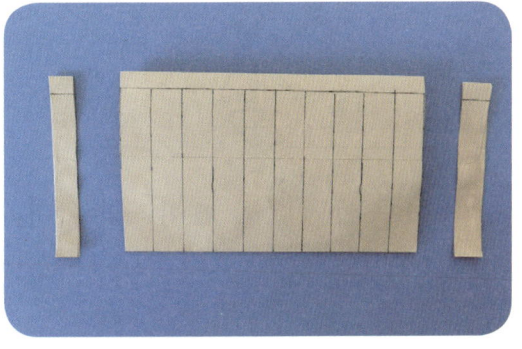

2. 在信封上涂色。沿着画好的平行线剪至离信封长边1厘米处的横线位置。

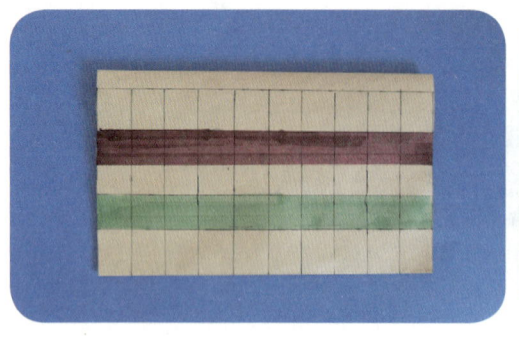 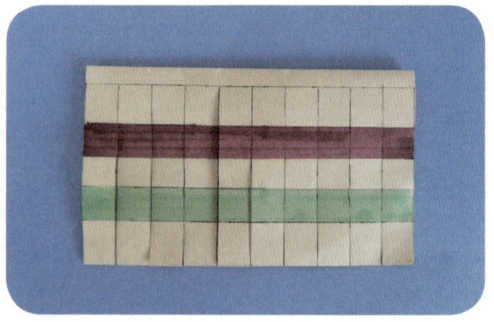

3.将信封沿未剪开的长边围成一个圆圈,用透明胶带把圆圈接口处粘住。一朵美丽的花就制作好了。

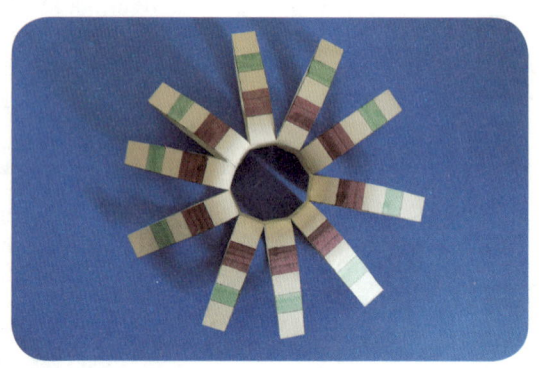

 注意事项

1.在信封上画平行线时,要注意线与线之间的距离相等。
2.在使用剪刀时,一定要小心,不要伤到自己或他人。

 科学原理

同一平面内圆心相同而半径不同的圆叫作同心圆。

跳跳虫

大自然中生活着各种各样的小昆虫,如在花丛中翩翩飞舞的蝴蝶,在桑叶上埋头啃食的蚕,在草丛中活蹦乱跳的蝗虫……下面我们来制作一只跳跳虫吧!

一 准备材料

彩色卡纸、双面胶、回形针、胶水、剪刀、记号笔、吸盘、圆规、直尺。

二 制作步骤

1. 用圆规在彩色卡纸上画一个圆,用剪刀将圆剪下来。

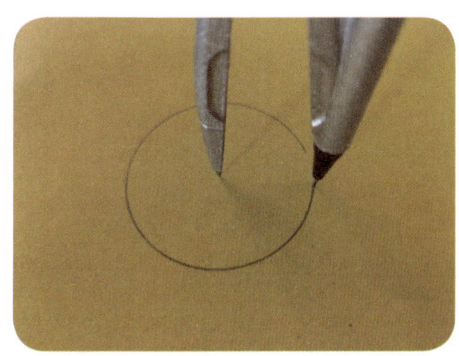

2. 在圆上画一个扇形，用剪刀沿着扇形的一边剪到圆心，使扇形的两条边重合，将圆形卡纸做成漏斗的形状，用双面胶粘起来，跳跳虫的身子就制作好了。

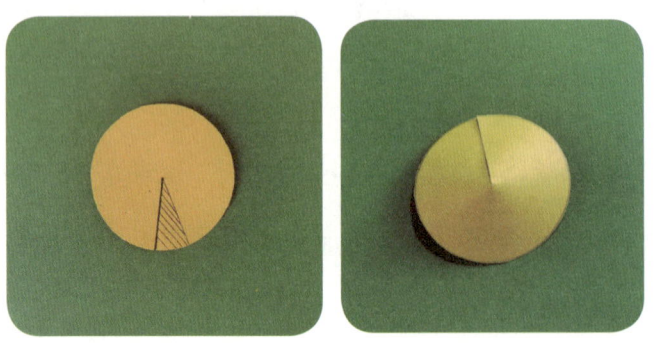

3. 将两个回形针拉直，分别从中间剪成两段，将它们弯出弧度，作跳跳虫的腿。

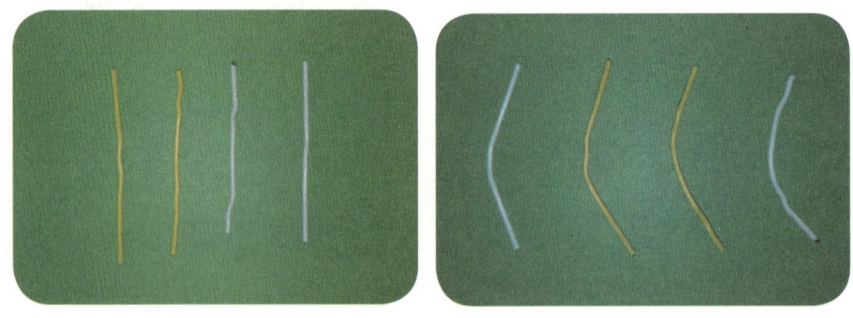

4. 将四条腿粘在跳跳虫漏斗形的身子上，再把吸盘粘在漏斗的中心位置。制作跳跳虫的眼睛和嘴巴，然后将其粘在跳跳虫的身子上。

5. 轻轻向下压吸盘，松开手后，跳跳虫就跳起来了。

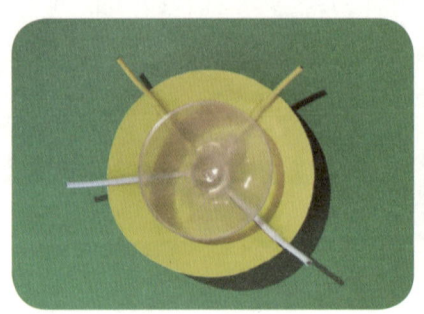 

三 注意事项

1. 制作跳跳虫身子的材料要有一定的硬度。
2. 在使用剪刀时，一定要小心，不要伤到自己或他人。
3. 在使用胶水时，注意不要让胶水粘到手上或者衣物上。

四 科学原理

力的作用是相互的。一个物体对另一个物体施加了力，受力物体就会产生一个方向相反、大小相等的力。当你给吸盘施加压力时，吸盘就会产生一个力以恢复原状；跳跳虫的腿受力时，也会产生这种力，压力一旦解除，吸盘、跳跳虫的腿便会反向运动，跳跳虫就跳起来了。

会跳跃的蜻蜓

夏天，我们经常会看到蜻蜓在天空中飞，虽然它们有时飞得很低，但是我们还是很难捉住。下面我们就来制作一只会跳跃的蜻蜓吧！

塑料瓶、彩色卡纸、塑料管、剪刀、透明胶带等。

1. 用彩色卡纸制作一只蜻蜓。

2. 从塑料瓶瓶身上剪下一个环，并将塑料环从中间剪成两半。

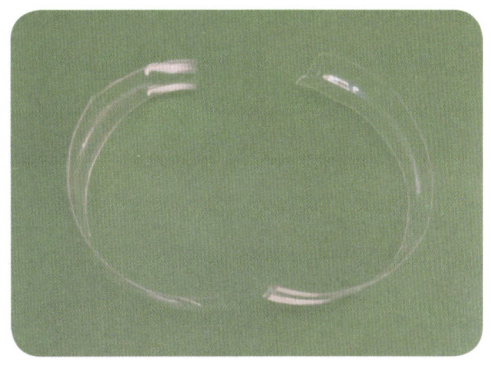

3. 用剪刀在两个半圆形塑料环的中间各钻一个孔，孔的大小跟塑料管的粗细差不多。将两个半圆形塑料环交叉叠放，使塑料管从两个孔中穿过。

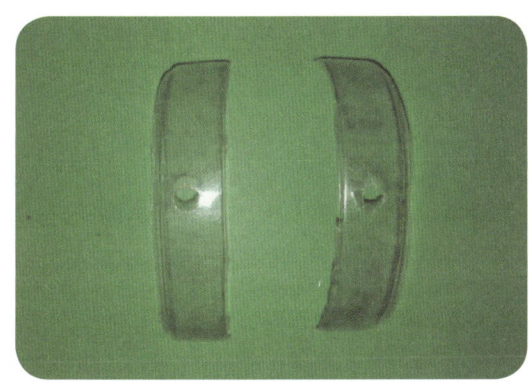

4. 将塑料管从蜻蜓的头部穿出。向下按压蜻蜓，松开手后，蜻蜓便跳跃起来了。

三 注意事项

1. 为防止半圆形塑料环和蜻蜓滑落，可以在塑料管的两端缠几圈透明胶带。

2. 在使用剪刀时，一定要小心，不要伤到自己或他人。

四 科学原理

发生了弹性形变的物体，由于要恢复原来的形状，对跟它接触的物体会产生力的作用，这种力叫作弹力。当手对塑料环施加力的作用时，为了恢复原来的形状，塑料环会产生一个方向相反的力。于是，松开手后，蜻蜓就跳跃起来了。

自造龙卷风

同学们在电视上看到过龙卷风吗？龙卷风像一个旋涡，能卷起灰尘、杂物等，看上去就像一条巨龙，所以叫龙卷风。水下也会产生龙卷风吗？下面我们就来制造水下的龙卷风吧！

两个有盖的塑料瓶、水、剪刀、透明胶带。

1. 用剪刀在两个瓶盖中心各戳一个孔，然后用透明胶带把两个瓶盖背对背粘在一起。

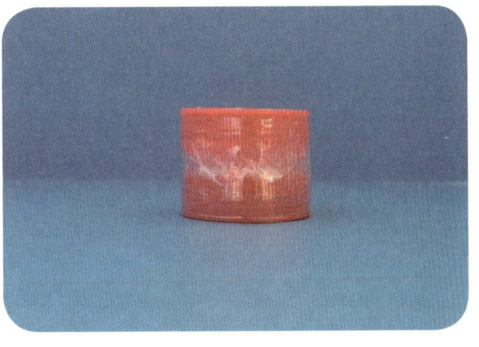

2. 将粘好的瓶盖拧到装有水的塑料瓶上，将另一个空塑料瓶拧在上面的瓶盖上。

 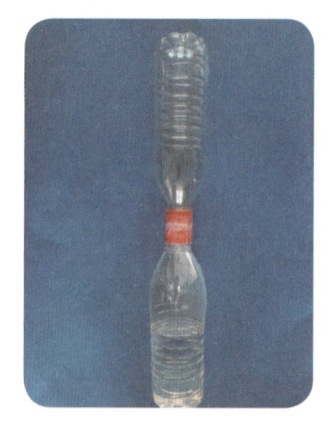

3.将两个瓶子倒转过来,装有水的瓶子在上方,然后用力摇晃瓶子。轻轻地将瓶子放在桌子上,可以看到上面瓶子的水中出现旋涡,并向下面的瓶子中流动,形似龙卷风。

三 注意事项

1.用透明胶带固定瓶盖时,多缠几圈,防止用力摇晃时瓶盖松动脱落。
2.在使用剪刀时,一定要小心,不要伤到自己或他人。

四 科学原理

水下龙卷风是受离心力的作用形成的。摇晃瓶子时,水受到离心力的作用旋转起来,并向下面的瓶子中流动,而下面瓶子中的空气向上面的瓶子中流动,便在水柱中心形成了一个空气柱,这个空气柱就是我们看到的"龙卷风"。

嵌入的奥秘

生活中,我们能看到地面上铺着不同形状、颜色各异的地砖。这些不同形状的地砖是怎么嵌入地面并组成美丽图案的呢?下面我们就来探究一下吧!

正方形泡沫块、砂纸、硬纸板、美工刀、尺子、铅笔等。

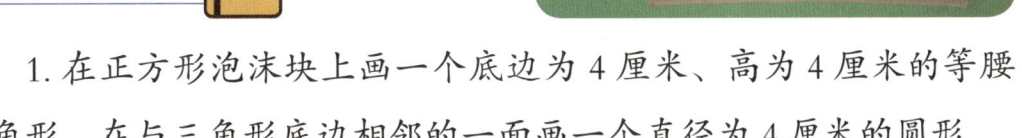

1. 在正方形泡沫块上画一个底边为4厘米、高为4厘米的等腰三角形,在与三角形底边相邻的一面画一个直径为4厘米的圆形。

2. 用美工刀分别沿着三角形的两腰垂直向下切。

3. 用砂纸细细打磨掉圆形外部多余的部分，然后精心打磨其余每一个面。打磨好之后，发现泡沫块一面是圆形，一面是方形，一面是三角形。

4. 用硬纸板裁出一个边长为 4 厘米的正方形，一个底边为 4 厘米、高为 4 厘米的三角形，一个直径为 4 厘米的圆形。

 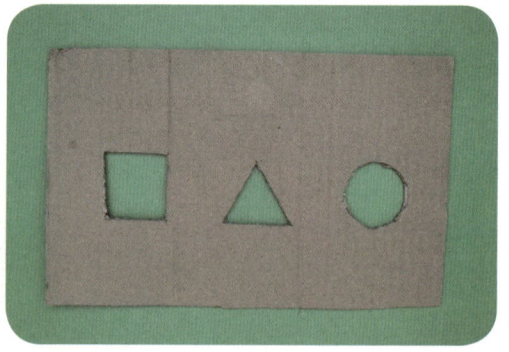

5. 拿出有正方形、三角形和圆形的硬纸板，可以发现泡沫块方形那一面正好能穿过硬纸板的正方形孔，三角形那一面正好能穿过三角形孔，圆形那一面正好能穿过圆形孔。

三 注意事项

1. 在泡沫块上切出三角形时，要慢慢垂直向下切，否则切出来的图形可能与硬纸板上的图形不一致。

2. 在对圆形面进行打磨时，一定要沿着边打磨。

3. 打磨过程中要保持耐心，控制力度。

4. 在使用美工刀时，一定要小心，不要伤到自己或他人。

四 科学原理

嵌入的奥秘是投影。用一组光线将物体的形象投射到平面上去，这个平面叫投影面，在该平面上得到的图形即投影。投影分为正投影和斜投影。投射线垂直于投影面产生的投影称为正投影，投射线不垂直于投影面产生的投影称为斜投影。

陨石坑

月球表面有许多坑,称为月坑,也叫陨石坑。这些坑到底是怎样形成的呢?下面我们就来一探究竟吧!

一 准备材料

托盘、面粉、不同颜色的细沙、石子、直尺、杯子。

二 制作步骤

1.把面粉均匀地铺在托盘中,用直尺将其表面抹平。按如图所示的方式把三种不同颜色的细沙均匀地倒入托盘中,用直尺将其表面抹平,"月球"表面就制作好了。

中低段
（1—3年级）

2. 从不同角度、不同高度向"月球"表面投掷大小不同的石子，再轻轻地将石子从托盘中拿出，尽量不破坏形成的坑，观察这些砸出的"陨石坑"。

三 注意事项

1. 要把面粉和细沙铺均匀，但不要压得太过紧实。

2. 要从不同角度、不同高度投掷石子，效果才能与自然陨石坑更接近。

3. 投掷石子时，一定要小心，不要砸到自己或他人。

四 科学原理

在浩瀚的宇宙中，游荡着许多脱离原有运行轨道的宇宙流星或碎块——陨星，一些陨星受月心引力的吸引，会撞向月球。由于月球周围没有空气，陨星便长驱直入，毫无阻拦地冲向月面，形成陨石坑。

树叶与猫

树叶从树上掉下来后，就失去了生命。下面我们就通过剪切、组合、粘贴赋予树叶新的"生命"吧！

 一 准备材料

树叶、剪刀、双面胶。

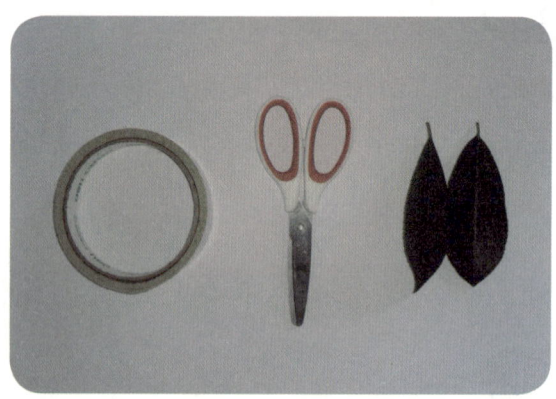

 二 制作步骤

1. 在一片树叶上剪出一个"V"字形，将另一片树叶剪成两半。将剪好的树叶按如图所示的方式用双面胶粘贴在一起。

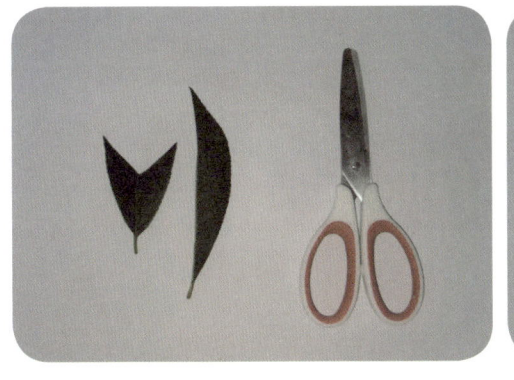 

2.适当修剪组合好的叶片,一只活灵活现的小猫就出现了!

 注意事项

1.要对树叶进行清洗,保证选用的树叶清洁卫生。

2.在使用剪刀时,一定要小心,不要伤到自己或他人。

四 科学原理

通过观察树叶的形状、脉络,根据叶片的特征进行剪切、组合、粘贴,就可以创造出新的形状和造型。

"疯狂"的瓶子

同学们,你们知道"疯狂"的瓶子是什么样的吗?下面我们一起来制作吧!

 准备材料

玻璃弹珠、彩色卡纸、鞋盒盒盖、小塑料瓶、剪刀、双面胶。

 制作步骤

1. 用彩色卡纸包裹小塑料瓶,多余的彩色卡纸用剪刀剪掉,用双面胶把彩色卡纸的连接处粘上。

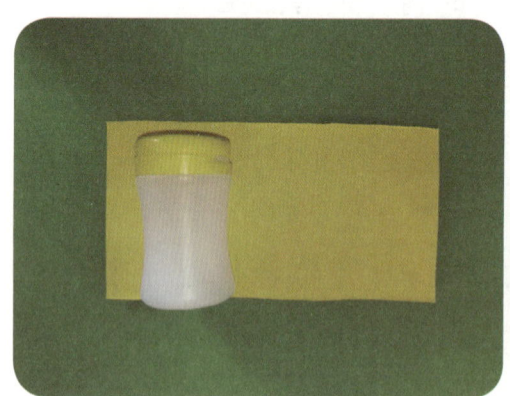

2. 将玻璃弹珠放入小塑料瓶中,盖紧瓶盖,然后把小塑料瓶放入鞋盒盒盖中。

3. 将鞋盒盒盖不断地左、右倾斜，小塑料瓶就会滚动起来。鞋盒盒盖倾斜的角度越大，小塑料瓶滚动得越快。

三 注意事项

1. 尽量选大一些的鞋盒盒盖，以形成较长的斜面，可使看到的滚动现象更明显。

2. 在使用剪刀时，一定要小心，不要伤到自己或他人。

四 科学原理

装有玻璃弹珠的小塑料瓶，在重力、摩擦力等力的作用下，会沿着鞋盒盒盖形成的斜面向下方滚动。

跳跳机

跳跳机是游乐园内常见的游乐设施。下面我们来制作一台跳跳机吧!

 准备材料

剪刀、雪糕棍、吸管、粗橡皮筋、细橡皮筋、小猴子卡片。

 制作步骤

1. 将吸管垂直摆放在雪糕棍的一端,用细橡皮筋将它们固定起来。
2. 用剪刀将粗橡皮筋剪开。

 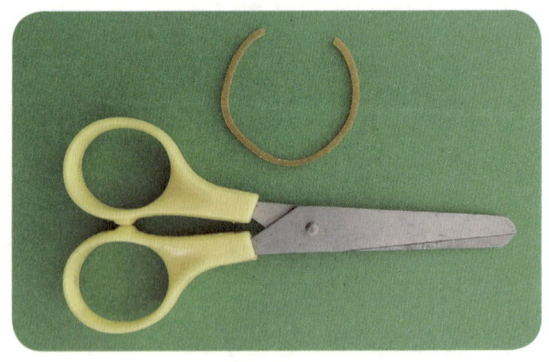

3. 将剪开的粗橡皮筋从吸管中穿过,然后在粗橡皮筋的两端各打一个结,捏住粗橡皮筋两端轻轻拉伸测试弹性。

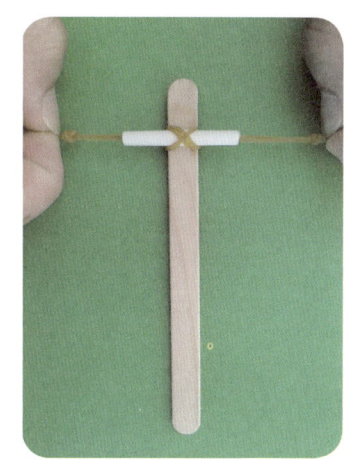

4. 将小猴子卡片固定在雪糕棍上。拉粗橡皮筋的一端，使一小截橡皮筋露出吸管。

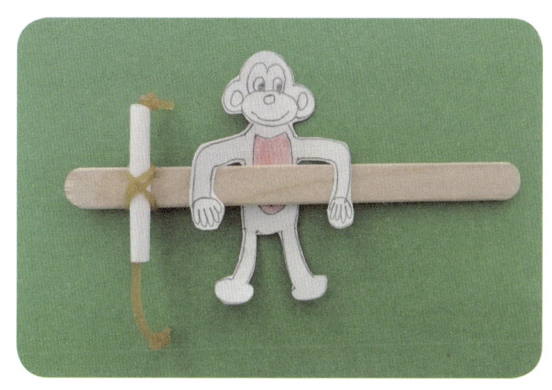

5. 一只手捏住粗橡皮筋和吸管，另一只手向下拉粗橡皮筋，拉伸一定的长度之后，轻轻地把吸管松开，让它下落，同时轻微抖动手，小猴子就随跳跳机向下运动了。

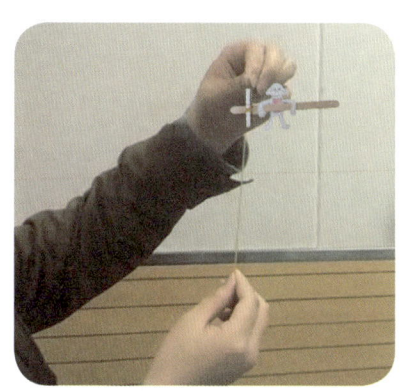

三 注意事项

1. 吸管不可太粗，否则操作的时候雪糕棍会直接掉下来。
2. 粗橡皮筋比吸管略细即可。
3. 在使用剪刀时，一定要小心，不要伤到自己或他人。

四 科学原理

在吸管、雪糕棍、小猴子下落的过程中，吸管与粗橡皮筋接触部分存在摩擦力，重力使吸管向下运动，而摩擦力阻止吸管向下运动，在重力和摩擦力等力的共同作用下，小猴子就随跳跳机一起向下运动了。

哪个体积更大

两张同样大小的长方形卡纸,沿不同的边卷成圆柱,你们知道哪个圆柱的体积大吗?你们能用什么办法来验证自己的猜测呢?

一 准备材料

两张大小相同的长方形卡纸、沙子、透明胶带、白纸。

二 制作步骤

1. 取两张长方形卡纸,分别以其长、宽为圆柱底面的周长,卷成两个圆柱,并用透明胶带将接缝粘起来。

 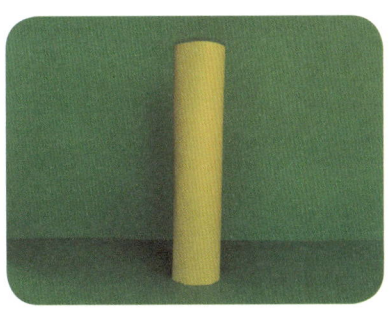

2. 将一张白纸平铺在桌面上,把高的圆柱放进矮的圆柱里面。往高的圆柱里装沙子直至装满,然后,慢慢地抽出高的圆柱。观察矮的圆柱里沙子的量,会发现沙子并没有填满矮的圆柱。

87

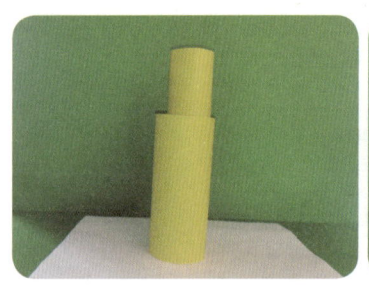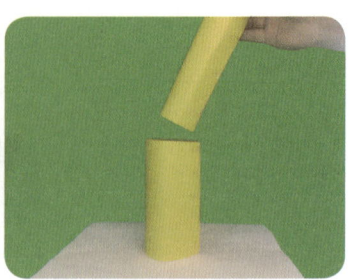

 **注意事项**

向高的圆柱里装沙子时，要小心，以防沙子溅入眼睛。

 科学原理

圆柱的体积 = 底面积 × 高（$V = S \cdot h = \pi \cdot r^2 \cdot h$）

矮的圆柱的体积用 V_1 表示，底面圆的半径用 r_1 表示，$r_1 = \dfrac{a}{2\pi}$，
$V_1 = \pi \cdot \left(\dfrac{a}{2\pi}\right)^2 \cdot b = \dfrac{a^2 b}{4\pi} = \dfrac{ab}{4\pi} \cdot a$

高的圆柱的体积用 V_2 表示，底面圆的半径用 r_2 表示，$r_2 = \dfrac{b}{2\pi}$，
$V_2 = \pi \cdot \left(\dfrac{b}{2\pi}\right)^2 \cdot a = \dfrac{ab^2}{4\pi} = \dfrac{ab}{4\pi} \cdot b$

因为 $a > b$，所以 $V_1 > V_2$。通过计算可知，矮的圆柱的体积大于高的圆柱的体积。

神奇的折扇

扇子轻巧、携带方便,是夏日不可缺少的消暑工具。下面我们就来制作一把神奇的折扇吧!

白纸、固体胶、剪刀、透明胶带、针、细线等。

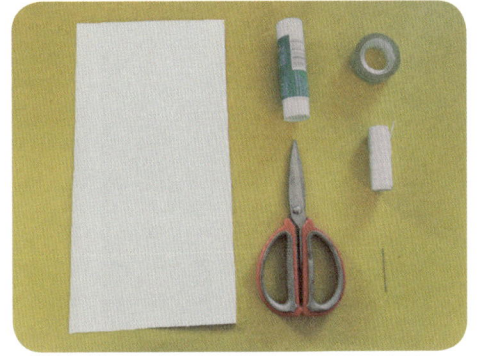

1. 将长 60 厘米、宽 10 厘米的白纸折成 16 等份,打开后沿着折痕将其折成手风琴形状,在其两边用透明胶带固定两根细线。

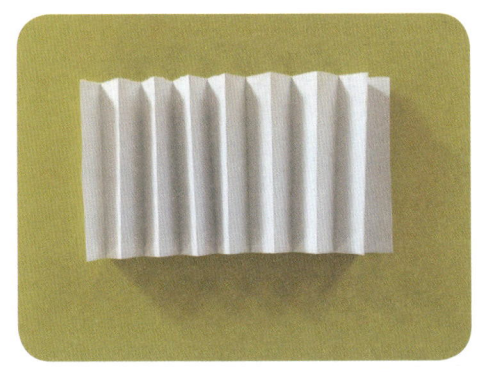

2. 再准备一张长 20 厘米、宽 8 厘米的纸条,将其卷成一个圆筒,用透明胶带固定。取一段吸管,将圆筒穿进吸管内。将纸扇插入圆筒大约 1 厘米深处,接口处用胶水固定。

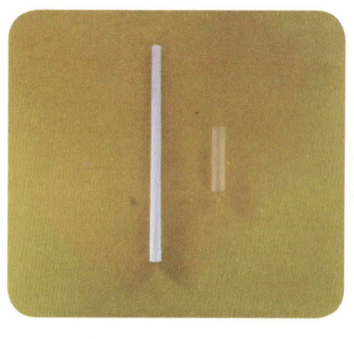 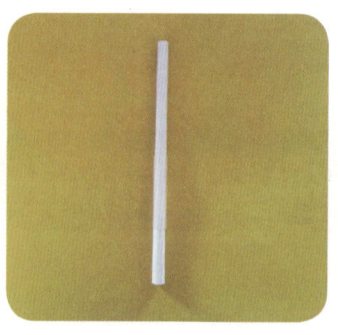 

3.将纸扇上的细线用透明胶带固定在吸管上。上下移动吸管，纸扇会收起和张开。

 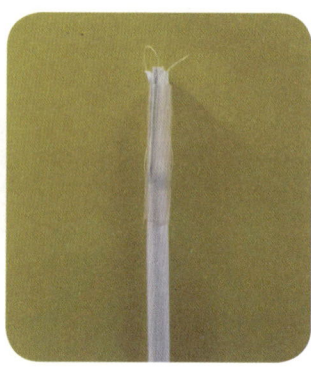 

三 注意事项

1.在使用针和剪刀时，一定要小心，不要伤到自己或他人。

2.制作小扇子时，扇面的褶皱不要超过二十个，褶皱太多会导致扇子开合困难。

四 科学原理

这把神奇的折扇是一个简单的联动装置。上下移动吸管可以改变扇面的张角，扇面便能够开合。

轻巧的保温杯

保温杯是生活中的常用物品,可以让我们随时随地喝上热水,非常方便。下面我们来制作一个轻巧的保温杯吧!

 准备材料

锡箔纸、小塑料瓶、大塑料瓶、报纸、透明胶带、剪刀(或美工刀)。

 制作步骤

1. 用锡箔纸包裹小塑料瓶,多包几层,要包裹紧实。用报纸卷一个圆柱形底座,包裹小塑料瓶,再用更多的报纸包裹小塑料瓶。

2. 将大塑料瓶剪成三部分。然后把包裹好的小塑料瓶按如图所

示的方式放进大塑料瓶中，并用透明胶带将大塑料瓶的瓶身重新粘好，简易的保温杯就制作好了。

 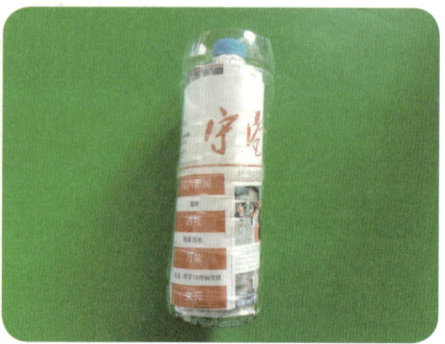

三 注意事项

1. 用锡箔纸包裹小塑料瓶时，一定要包裹紧实。

2. 用报纸包裹小塑料瓶时，要把小塑料瓶的底部一起包裹住。

3. 剪刀的刀口和塑料瓶的切口都很锋利，一定要小心，不要伤到自己或他人。

四 科学原理

热传递有三种方式：热传导、热对流和热辐射。锡箔纸有很好的光洁度和热反射性，能最大限度地减少热量流失；纸张导热性差，能有效减缓热量向外传递；最外层的大塑料瓶能阻止热对流，三重防护，能有效保温。

会"飞"的双面鱼

鸟儿在天上飞,鱼儿在水里游。同学们见过会"飞"的鱼吗?下面我们就来制作一条会"飞"的双面鱼吧!

彩色卡纸、细线、长吸管、短吸管、橡皮筋、气球、双面胶、透明胶带、剪刀、铅笔。

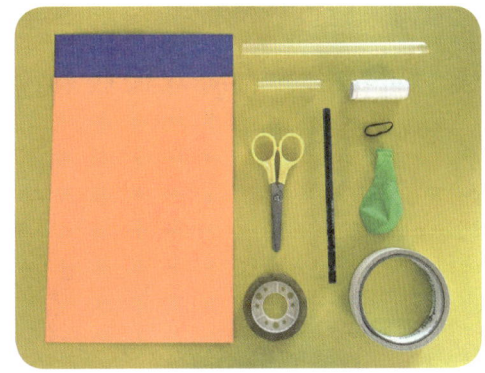

1. 将蓝色卡纸对折,在有折痕的一侧画出小鱼的形状,然后用剪刀把小鱼剪下来。

2. 将剪好的小鱼形卡纸打开,用粉色卡纸制作小鱼的眼睛和身上的花纹,用紫色卡纸制作小鱼的尾巴,用双面胶把"眼睛""花纹""尾

巴"粘贴在蓝色的小鱼形卡纸上,漂亮的双面鱼就制作好了。

 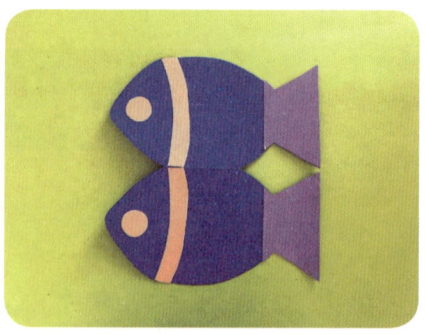

3. 将双面鱼翻过来,用透明胶带将短吸管粘贴在双面鱼的折痕处,短吸管要和折痕对齐且长度相等。将一根长约 3 米的细线从短吸管中穿出,再将双面胶粘贴在短吸管两侧,注意不要粘住小鱼的尾巴。

4. 用橡皮筋将气球绑在长吸管的一端。将绑有气球的长吸管用透明胶带粘在短吸管旁边的空白处,再用双面胶将小鱼粘合起来,最后将小鱼的尾巴往外翻折。

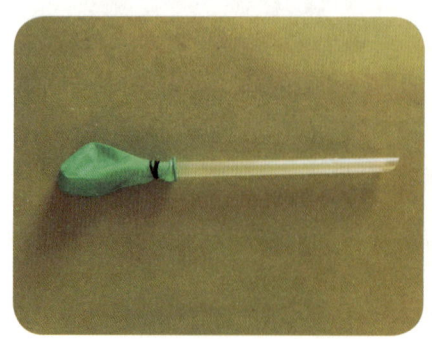 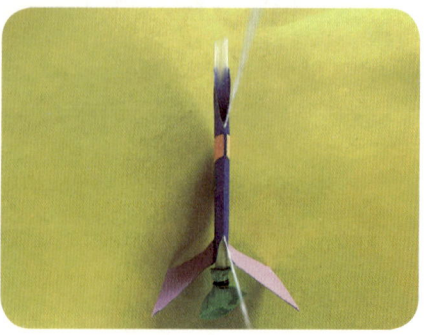

5.将细线两端分别系在两个物体上，然后给气球充满气，用手指堵住长吸管另一端的管口，调整好角度后移开手指，双面鱼就会沿着细线的方向快速飞出去。

三 注意事项

1.使用的气球越大，细线越长，实验效果越好。
2.在使用剪刀时，一定要小心，不要伤到自己或他人。

四 科学原理

充满气的气球在放气时，由于气球内部气体的压力比大气压要大，因此气球内的气体会向外喷出，气体的内能转化为动能。根据牛顿第三定律，空气会对气球产生反作用力，推动气球向喷气的反方向运动，气球便能带动双面鱼运动，双面鱼就"飞"起来了。

气球直升机

同学们,你们了解火箭、直升机、螺旋桨飞机是怎么升空的吗?下面我们做一架气球直升机来一探究竟吧!

 一 准备材料

气球、三通(带有哨子)、气嘴、叶片。

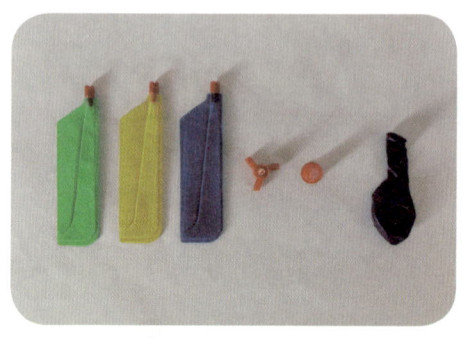

 二 制作步骤

1. 将叶片插在三通上。

2. 将气球套在气嘴上,然后给气球吹气,吹足气后,捏紧气球口。

3. 把气嘴连接到三通的进气口上,连接好后松开手,气球直升机就能飞起来并发出声音了。

  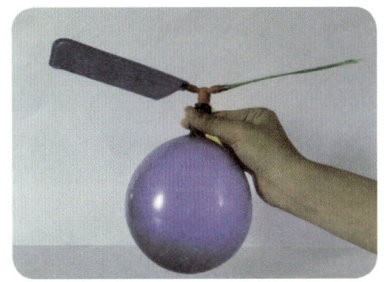

注意事项

1. 吹气球时要慢，防止气球爆炸伤到自己或他人。

2. 将气球套在气嘴的正中间，以提高气球直升机"起飞"的成功率。

3. 放飞气球直升机前，要捏住气球口，并使叶片对着正上方，然后快速地放手。

4. 在空旷的场地上放飞气球直升机，防止螺旋桨掉落伤到自己或他人。

科学原理

放飞气球直升机的过程中，气球收缩，气球中的空气会通过三通在螺旋桨叶片内流动，从排气孔排出，因与周围空气发生冲撞而产生反冲力，使螺旋桨旋转起来。叶片在转动过程中，将空气分为上、下两层，上层空气流动快，压强小，下层空气流动慢，压强大，上层和下层空气的压力差导致向上的力产生。当向上的力大于气球直升机的重力时，气球直升机就可以飞起来了。

简单的热传导

同学们，你们知道什么是热传导吗？铁锅能把饭菜煮熟，就是利用了铁的导热性。下面我们就来探究铁是如何传导热的吧！

 一 准备材料

长方体木块、小木棒、蜡烛、钉子、透明胶带、长铁片、打火机等。

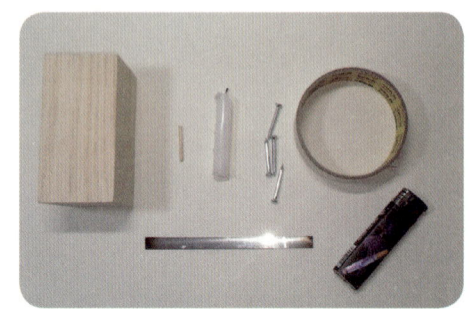

 二 制作步骤

1.将长铁片和木块用透明胶带按如图所示的方式固定，并将小木棒塞在长铁片和木块之间，使长铁片有一定的倾斜度。

2.将组合好的装置翻转过来，将有长铁片的一端放置在桌面上。用打火机将蜡烛点燃，把蜡油滴在长铁片上，然后将钉子固定在长铁片上。

3.将固定好钉子的装置再翻转过来,使钉子悬挂在长铁片下,然后将点燃的蜡烛放在长铁片下方。持续加热长铁片,观察会出现什么现象。

 注意事项

1.蜡烛的长度要略小于长方体木块的高度,但不要小太多,以免长铁片受热太慢。

2.使用打火机和蜡烛时,要注意用火安全。

3.在使用钉子时,一定要小心,不要伤到自己或他人。

四 **科学原理**

热从物体温度较高的部分沿着物体传到温度较低的部分的现象叫作热传导。热传导是固体热传递的主要方式。长铁片靠近蜡烛的一端温度慢慢升高,向温度较低的另一端传导热,粘着钉子的蜡油因受热而慢慢融化,钉子便由靠近蜡烛的一端依次掉落。

带着"风扇"奔跑的小车

同学们,你们的玩具车都是在玩具店买的吗?下面我们来自己制作一辆小车吧!

 一 准备材料

长方体纸盒、瓶盖、笔芯、吸管、剪刀、透明胶带、双面胶、扇叶、马达、电池盒(带电池)。

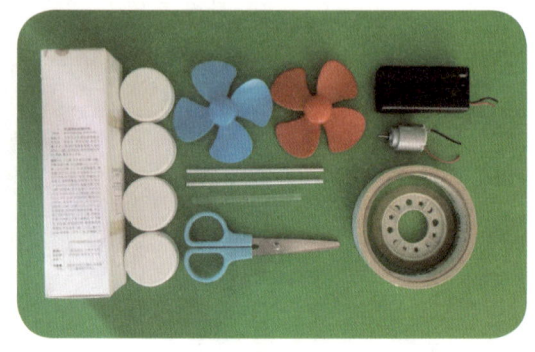

 二 制作步骤

1. 用双面胶将两根吸管分别粘在长方形纸盒的三分之一和三分之二处,将吸管两端多余的部分剪掉。

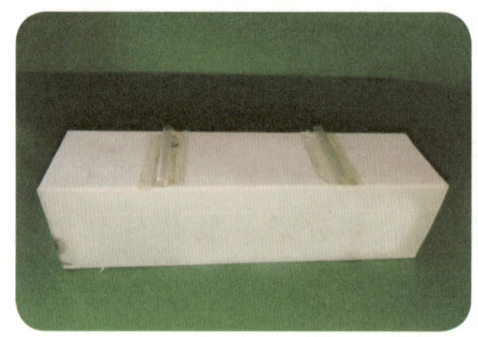

2. 用四个瓶盖和两根笔芯制作车轮,然后将车轮按如图所示的

方式固定在长方形纸盒上。

3. 用透明胶带将马达粘在长方体纸盒的一端，然后连接马达和风扇，再把马达与电池盒连接好，最后用透明胶带将电池盒、电线固定在长方体纸盒上，小车便制作好了。

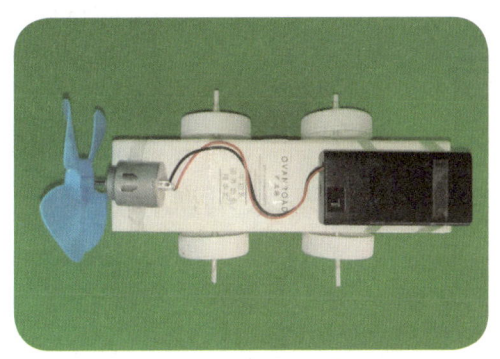

三 注意事项

1. 不要用手触摸工作状态下的马达。
2. 在使用剪刀时，一定要小心，不要伤到自己或他人。

四 科学原理

带着"风扇"奔跑的小车是利用螺旋桨叶片在发动机的驱动下高速旋转，从而产生拉力，牵引小车向前行驶的原理制作的。

膨胀的空气

同学们，你们知道怎么让静止的硬币"弹跳"起来吗？下面我们来一起探究如何让硬币"弹跳"起来吧！

 准备材料

一元硬币、玻璃瓶、水。

 制作步骤

1. 将水倒入玻璃瓶中，转动玻璃瓶，使水浸湿瓶壁。

2. 将玻璃瓶放在桌子上，把硬币放到玻璃瓶的瓶口上。双手紧握玻璃瓶的瓶身，用手掌的温度捂热瓶身。

3.边捂边观察硬币的变化,会发现硬币微微弹起。

三 注意事项

将硬币放在玻璃瓶的瓶口上时,硬币一定要完全覆盖瓶口。

四 科学原理

玻璃瓶的温度比手掌的温度低,手掌的温度比空气的温度高。当温暖的双手握住玻璃瓶时,瓶身的温度升高,瓶内的空气受热膨胀,膨胀的空气往上升,便推动瓶口的硬币"弹跳"起来。

放大的磁性

同学们,你们都玩过磁铁吧?磁铁除了可以吸引铁质物品,还有什么性质呢?下面我们就来一起探究吧!

 准备材料

彩色硬卡纸、钢珠、磁铁、中性笔、直尺、剪刀等。

 制作步骤

1. 将黑色硬卡纸剪成长12厘米、宽10厘米的长方形,连续对折3次,沿着折痕将卡纸折成一个长2厘米、宽2厘米、高10厘米的长方体。

2. 将长30厘米、宽5厘米的蓝色硬卡纸折成槽状。

3. 用固体胶将黑色长方体粘在黄色硬卡纸上，再将蓝色硬卡纸槽的一端粘在黑色长方体上，另一端粘在黄色硬卡纸上。

4. 将四块磁铁和四颗钢珠按如图所示的方式摆放。

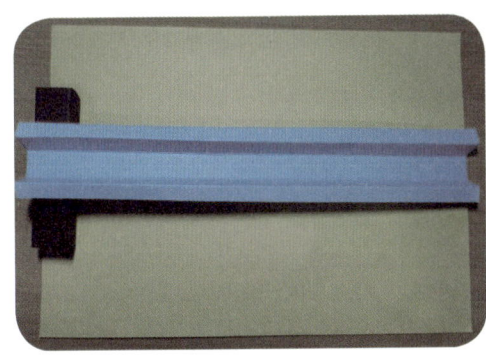 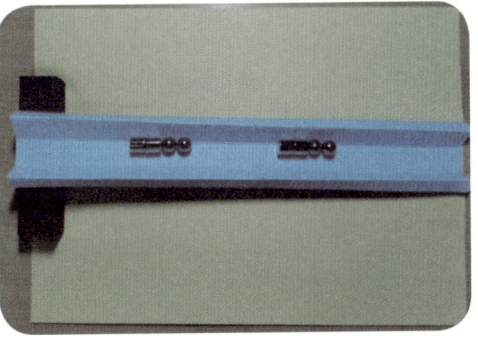

5. 取一颗钢珠置于蓝色硬卡纸槽上端，释放钢珠，让其顺着纸槽滚下，观察每个钢珠的运动轨迹。钢珠被释放后向下滚动，与第一块磁铁碰撞后停下，发生碰撞的同时，第二块磁铁下面的第二颗钢珠开始向下滚动，与第三块磁铁碰撞后停止，第四块磁铁下面的第二颗钢珠被弹出。

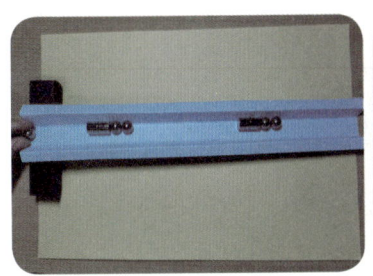 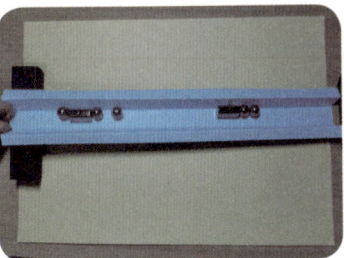 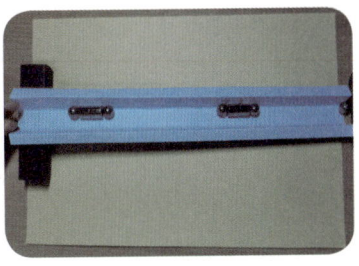

三 注意事项

1. 磁铁易碎，要轻拿轻放，不要用力砸。
2. 在使用剪刀时，一定要小心，不要伤到自己或他人。

四 科学原理

释放的钢珠在磁铁的吸力和地球引力的作用下向下滚动，获得了能量。钢珠撞击第一块磁铁时，由运动状态变成静止状态，它的能量转移给第二块磁铁下面的两颗钢珠。钢珠需要释放能量，第二块磁铁下面的第二颗钢珠离开磁铁向下滚动。当能量传递给第四块磁铁下面的第二颗钢珠后，钢珠就被弹开了。

磁跳蛙

"快乐池塘栽种了,梦想就变成海洋,鼓的眼睛大嘴巴,同样唱得响亮。"同学们,请猜猜这句歌词唱的是哪种动物呀?对,青蛙!下面我们来制作一只磁跳蛙吧!

一 准备材料

海绵、磁铁、铅笔、水彩笔、彩色卡纸(必须有绿色卡纸)、双面胶、剪刀。

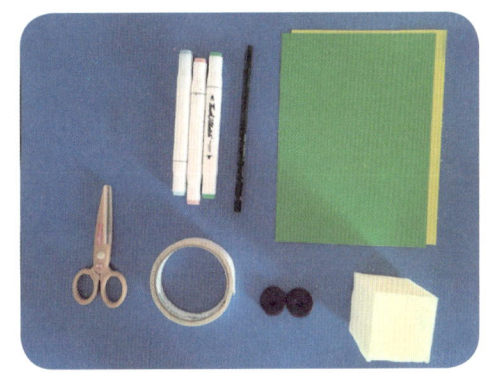

二 制作步骤

1. 用海绵作为底座,在其中心钻一个小孔,插入一支铅笔。

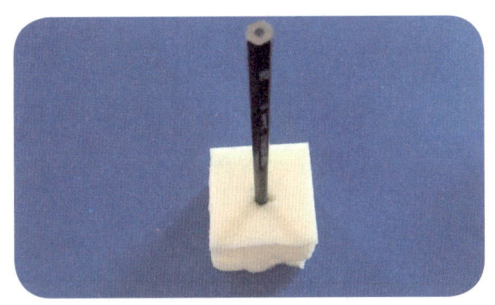

2. 在绿色卡纸上画一只青蛙,用剪刀把青蛙剪下来。用绿色卡纸做一个笔套,将其粘贴在青蛙的背面。

 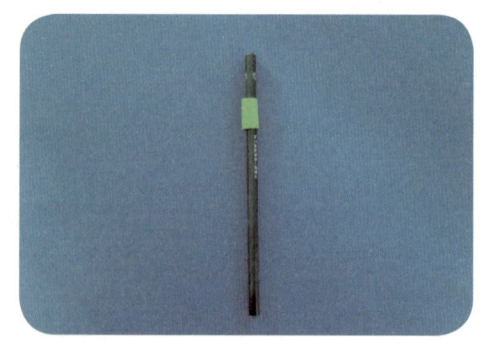

3.把两块磁铁相同磁极的一面面对面套在铅笔上,再把青蛙放上去,使青蛙的脚和磁铁贴合,最后用彩色卡纸装饰底座。往下压笔套,然后松开手,青蛙就跳起来了。

 注意事项

1. 制作的笔套不能太紧,要使青蛙可以在铅笔上自由移动。
2. 在使用剪刀时,一定要小心,不要伤到自己或他人。

 科学原理

青蛙能跳起来是因为磁铁具有同名磁极相互排斥的性质。当两块磁铁的相同磁极靠近时,由于磁场互斥作用,两块磁铁就会分开。

中低段
（1—3年级）

会跳舞的玩偶

同学们，你们的玩偶都是从商场里购买的吗？你们会制作玩偶吗？下面我们来制作会跳舞的玩偶吧！

 一 准备材料

木棍、粗毛线、硬纸板、双面胶、剪刀、磁铁、小刀、铁芯扎带等。

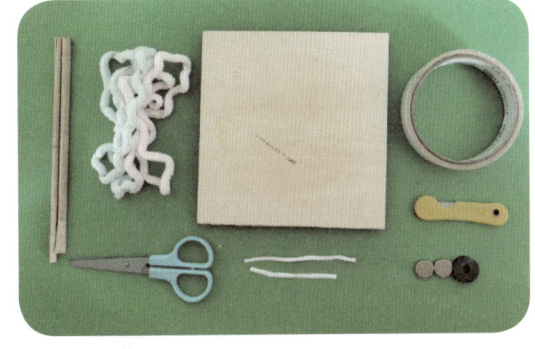

 二 制作步骤

1.用双面胶将两块磁铁分别固定在两根木棍的一端。用小刀在两根木棍的另一端切一个口，将铁芯扎带固定在切口处，作玩偶的双手。

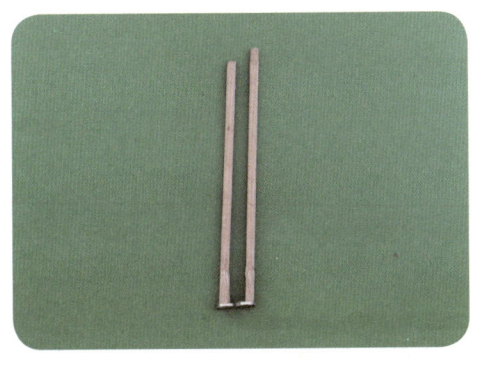 

2.制作一个男生玩偶的脸和一个女生玩偶的脸，把它们固定在

木棍的切口处，然后在木棍上缠绕一层粗毛线。

3.将两个玩偶放在硬纸板的上面，再拿一块磁铁放在硬纸板的下面，移动磁铁，玩偶就动了起来，像会跳舞一样。

三 注意事项

在使用小刀和剪刀时，一定要小心，不要伤到自己或他人。

四 科学原理

磁铁具有异名磁极相互吸引的性质。把磁铁放在硬纸板的下面，使其与固定在木棍底部的磁铁相吸，再慢慢移动硬纸板下面的磁铁，木棍底部的磁铁会跟着移动，玩偶就会"跳舞"了。

浮水指南针

同学们，假如你们走在一片丛林之中，四周是茂密的森林，看不清方向，你们会用什么来指引方向呢？对，指南针！下面我们来制作一个浮水指南针吧！

泡沫纸、一杯水、条形磁铁、小钢针、指南针。

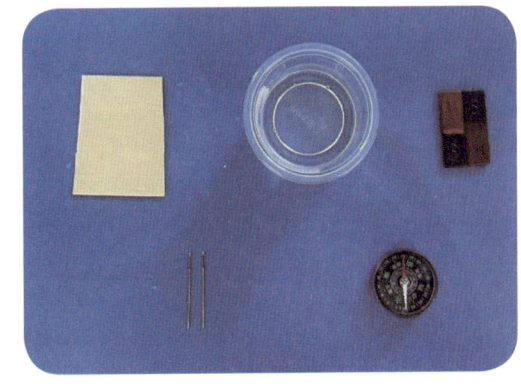

 制作步骤

1. 取一根小钢针，用条形磁铁的北极摩擦小钢针。

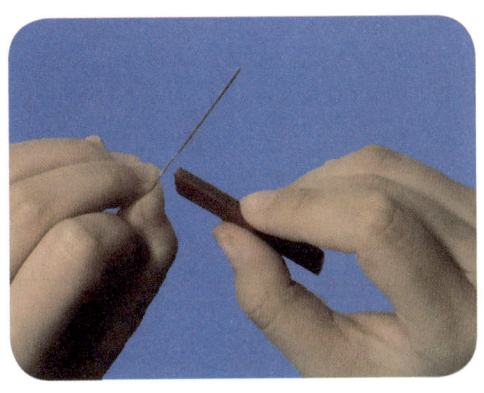

2. 将泡沫纸剪成长方形的小块，然后将摩擦过的小钢针穿过泡沫纸，像一只小船一样。

 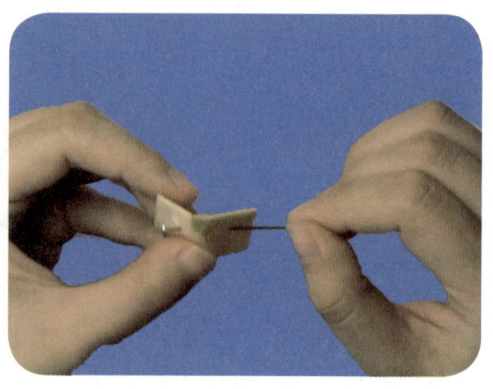

3. 把"小船"轻轻地放在水面上,小钢针便开始慢慢地转动方向。观察小钢针的指向。

1. 当用条形磁铁的北极从针头摩擦到针尾时,针头是北极,针尾是南极。当用条形磁铁的南极从针头摩擦到针尾时,针头是南极,针尾是北极。

2. 在摩擦小钢针时要注意安全,不要扎到手。

四 科学原理

浮水指南针的原理是用磁铁来磁化小钢针,让浮在水面上的磁化的小钢针在地球磁场的作用下发生偏转,从而指示方向。

鸡食架

中午了,鸡妈妈给它的孩子花花和咕咕带来了香喷喷的午餐,想让它们公平地吃到午饭。下面我们就帮助鸡妈妈制作一个鸡食架吧!

  准备材料

吸管、剪刀、小刀、工字钉、纸盒、水彩笔、胶水(或双面胶)。

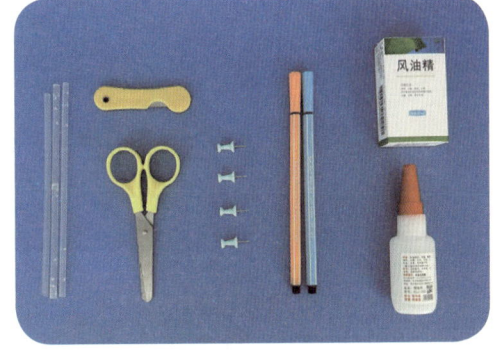

  **制作步骤**

1. 打开纸盒,在纸盒上画出两只小鸡和一个小碗,然后用剪刀把它们剪下来。

2. 取三根吸管,将其中一根吸管切成两段,用工字钉将两根短吸管固定在两根长吸管上。

 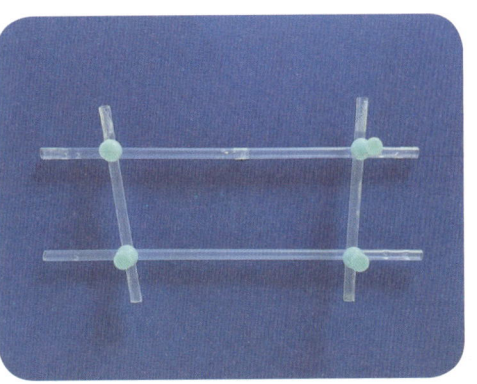

3. 用胶水把小鸡和碗粘在吸管上，鸡食架就制作好了。来回扯动鸡食架，两只小鸡就开始你一口我一口地吃饭了。

三 注意事项

1. 在固定吸管时，要考虑粘贴小鸡的位置和手捏的位置。
2. 在使用工字钉和剪刀时，一定要小心，不要伤到自己或他人。

四 科学原理

四边形具有不稳定性，形状容易发生改变。用手扯动鸡食架时，长方形就会变成平行四边形，在平行四边形钝角上方的小鸡便会靠近小碗，在平行四边形锐角上方的小鸡便会远离小碗。

多角度纸量角器

同学们都见过量角器,但是你们见过用纸制作出来的多角度量角器吗?下面我们就来制作一个吧!

一 准备材料

边长为 15 厘米的正方形纸、笔。

二 制作步骤

1. 将正方形纸对折后打开。

2. 沿着角 B 折纸,使角 A 落在中线上。

3. 将纸顺时针旋转 90°，沿着角 C 折线，使 a、b 两边重合。

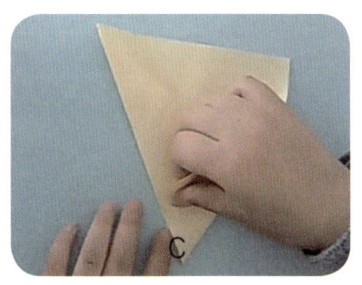 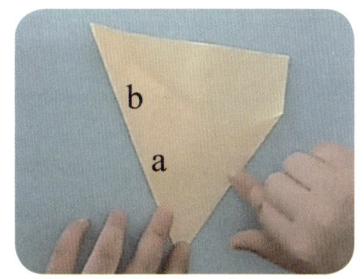

4. 将折叠的纸打开，可以看到三个相等的角，每个角都是 60°。

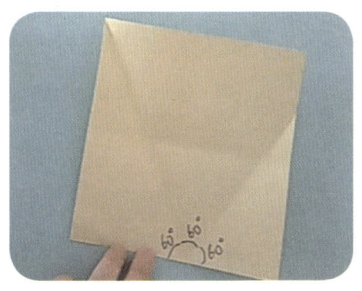

5. 把 a 边折叠上去再沿着角 C 折纸。将纸顺时针旋转 60°，在左边的三角形中，角 C 是 60°，一个角是 90°，则角 D 是 30°。

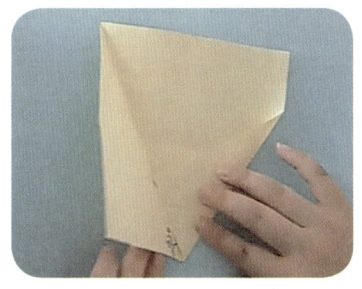 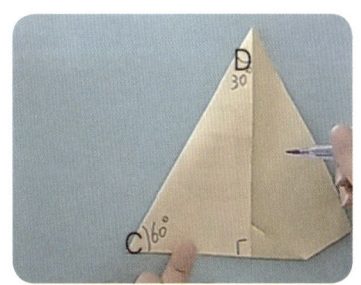

6. 将纸打开后，与角 D 重合的角也是 30°，则角 E 是 60°，角 F 是 30°。

7. 把右半部分折成小直角三角形。角 G 为角 F 的一半，角 G 是 15°，角 H 为角 G 和角 D 的和，角 H 是 45°，右下方的角是 75°。

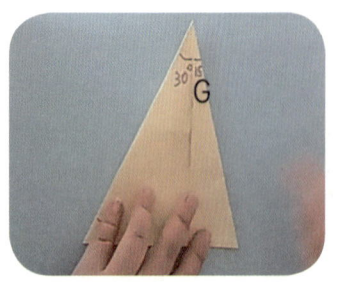  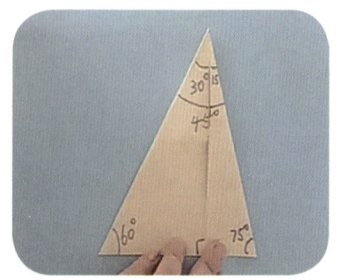

8. 打开右半部分，会得到两个 75° 角，则得到的大角是 150°。打开左半部分，会得到两个 60° 角，则得到的大角是 120°。多角度纸量角器就制作好了。

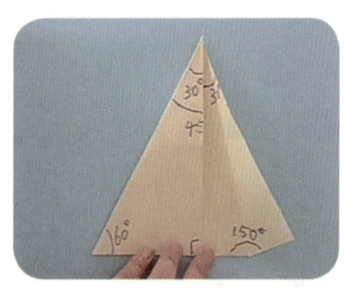  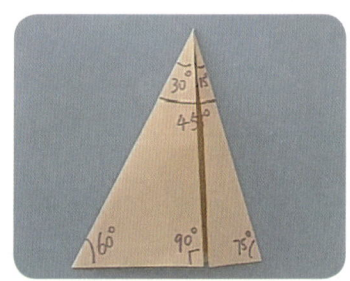

三 注意事项

在制作过程中，我们一定要将有褶痕的部分压平，以免影响角度的准确性。

四 科学原理

本制作利用了三角形的内角和定理和角平分线的性质。三角形三个内角的和等于 180°。角平分线分得的两个角相等，都等于该角的一半。

中高段
（4—6年级）

用拖鞋做的学具

废旧拖鞋常常被我们当作垃圾丢掉。你们知道如何将废旧拖鞋变成学习用具吗？下面我们就来试一试吧！

 准备材料

拖鞋、锥子、榔头、铅笔、小珠子。

 制作步骤

1. 在拖鞋底板上画一条中线，用榔头和锥子在拖鞋中线上凿出三个孔。

2. 将三支铅笔插入孔中，简易算盘就制作好了。三支铅笔从左往右依次代表百位、十位、个位，每支铅笔上最多可以套九颗珠子。每支铅笔上套不同数量的珠子，就可以代表不同的数字。

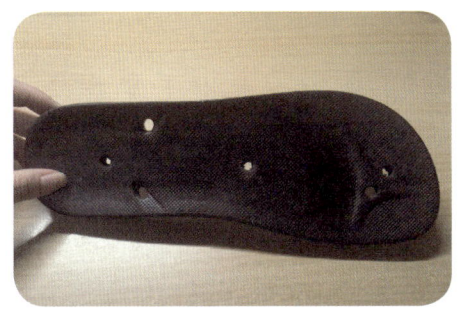

3. 将橡胶拖鞋从两端往中间压，使三支铅笔会聚到一个点，三支铅笔会聚的点是凹面镜的"焦点"；向反方向压，三支铅笔会散

开，就像一个凸面镜，三支铅笔代表光线散开；若平放，则像一个平面镜，三支铅笔代表入射光线和反射光线重合。

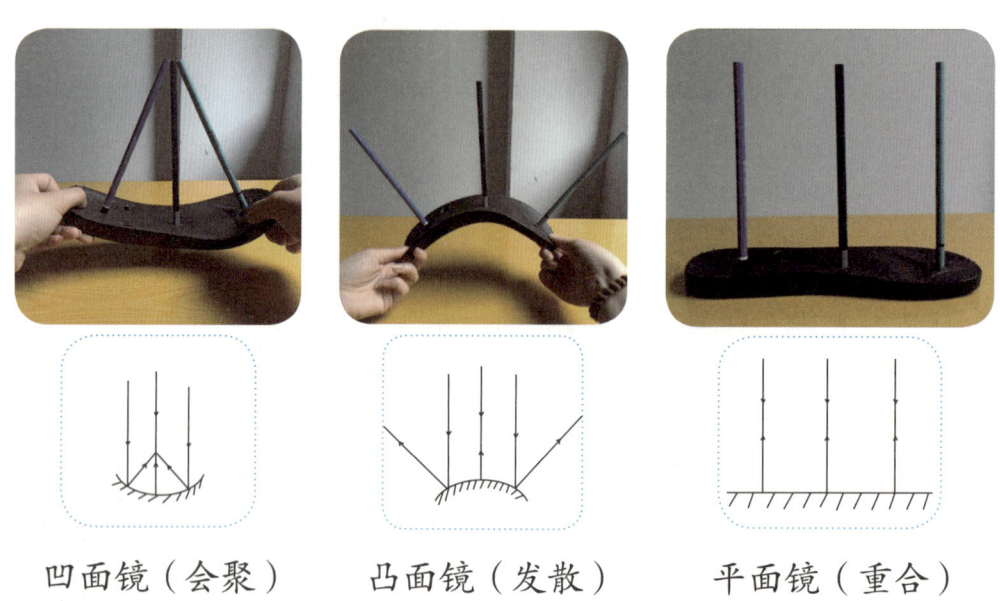

凹面镜（会聚）　　凸面镜（发散）　　平面镜（重合）

三 注意事项

1. 在拖鞋上凿出的三个孔应在同一条直线上，且位于拖鞋的中线上。

2. 在使用榔头和锥子时，一定要小心，不要伤到手。

四 科学原理

算盘是一种计算数目的用具。算盘的小木棍上穿着珠子，拨动珠子，可以进行加减乘除等运算。

平行光线照射在凹面镜上，反射光线会聚于一点（会聚作用）。平行光线照射在凸面镜上，反射光线会散开（发散作用）。垂直于平面镜的光线经平面镜反射后按照原路返回，即入射光线与反射光线重合。凹面镜、凸面镜、平面镜都遵循光的反射定律。

小球对对碰

乒乓球和弹力球是生活中我们常见的球类。下面我们就用乒乓球和弹力球做一个有趣的科学小制作吧！

 一 准备材料

三个乒乓球、一个橡胶弹力球、针、细线。

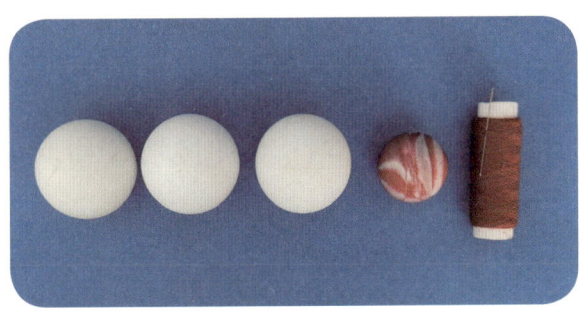

 **二 制作步骤**

1. 用针在乒乓球上扎两个孔，用细线将两个乒乓球穿在一起。用同样的方法将一个乒乓球和一个橡胶弹力球穿在一起。

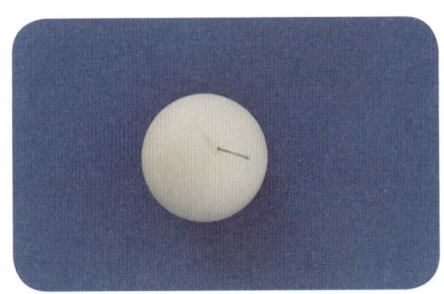
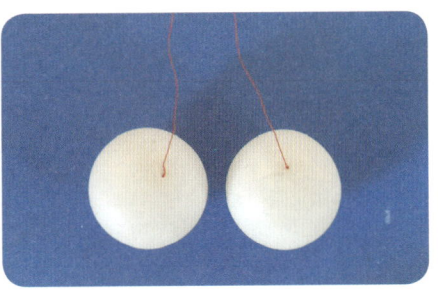

2. 用一个乒乓球撞击另一个乒乓球，两个乒乓球发生碰撞后会被弹开。用一个乒乓球和一个橡胶弹力球进行同样的操作，会发现乒乓球摆动的幅度比橡胶弹力球摆动的幅度大。

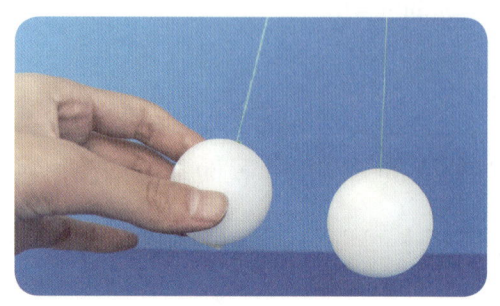 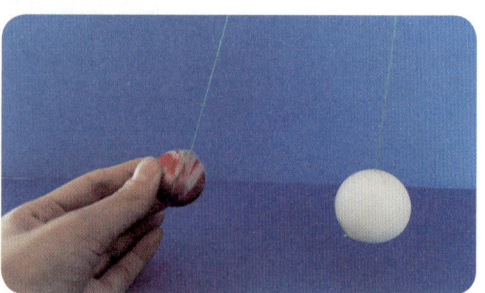

三 注意事项

1. 两个摆球的球心要处于同一水平线上。
2. 球的摆动幅度不要太大，否则现象不明显。
3. 在使用针时，一定要小心，不要伤到自己或他人。

四 科学原理

本制作涉及动量守恒定律和牛顿第三定律。动量守恒定律的内容是：一个系统不受外力或所受外力之和为零，这个系统的总动量保持不变。牛顿第三定律的内容是：两个物体之间的作用力和反作用力总是大小相等、方向相反，作用在同一条直线上。

响 管

中高段（4—6年级）

同学们，你们知道美妙的声音是如何产生的吗？下面我们制作一个响管来一探究竟吧！

一 准备材料

气球、笔管、笔芯、塑料盖、橡皮筋、剪刀。

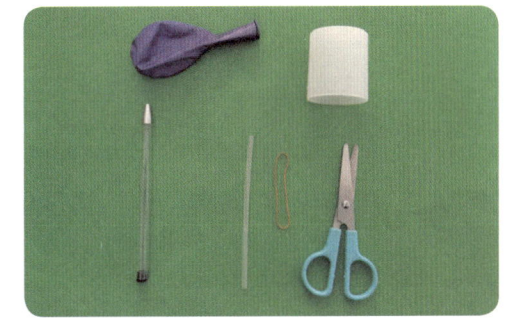

二 制作步骤

1. 去掉笔管顶端的塞子，用剪刀在靠近笔尖处钻两个小洞。

2. 在塑料盖底部钻一个笔管能穿过的小洞，将笔管穿过塑料盖底部的小洞。

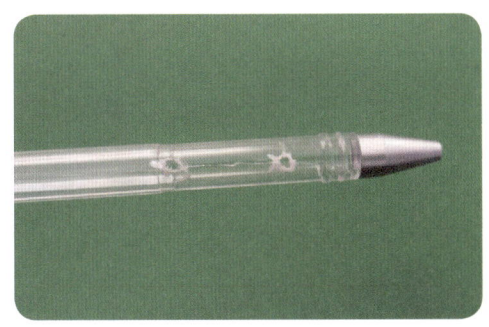
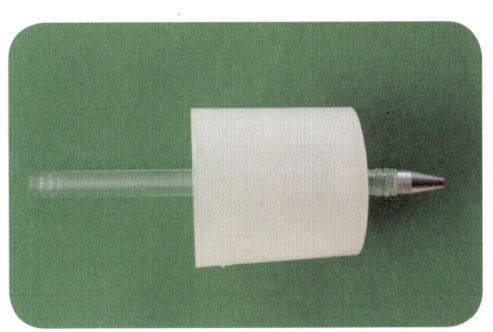

3. 在塑料盖上部的一侧钻一个小洞，将笔芯穿过小洞并靠近笔管。

123

4.将气球剪成两半,取其中一半套在塑料盖的顶端,拉紧气球表面使其保持平整。

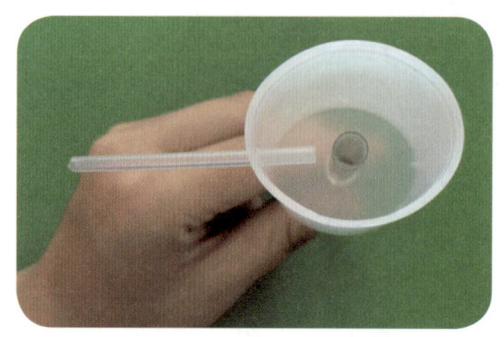

5.用橡皮筋将气球固定在塑料盖顶端,向上轻推笔管,使气球表面微突即可。向笔芯吹气,并不断变换手指在笔管两个小洞上的位置,即可奏出美妙的音乐。

注意事项

1.塑料盖有一定的厚度,可用螺丝刀来钻洞。

2.在塑料盖上钻的洞的大小要能使笔管和笔芯刚好穿过,不要留有缝隙。

3.将气球覆盖在塑料盖上时,要拉紧气球,再用橡皮筋固定。

4.在使用剪刀时,一定要小心,不要伤到自己或他人。

四 科学原理

声音是由物体的振动产生的。本制作中的响管便利用了空气振动发声的原理。

中高段
（4—6年级）

滚动瓶

我们的日常生活中有许多科学现象。下面我们来制作一个滚动瓶，看看其中蕴含着怎样的科学原理吧！

 准备材料

塑料瓶、橡皮筋、螺母、火柴棒、剪刀、小刀。

 制作步骤

1. 将橡皮筋穿过螺母，然后打两个结。

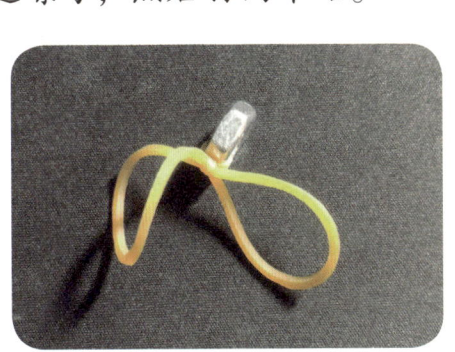

2. 用剪刀在塑料瓶的瓶盖和瓶底上分别戳一个孔，再用小刀在瓶身上划一个口。

125

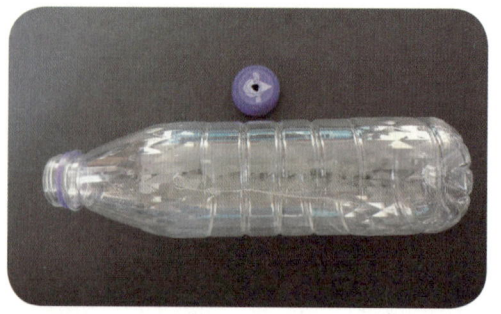

3.将穿有橡皮筋的螺母放进塑料瓶中。将橡皮筋的一端穿过瓶盖上的小孔，另一端穿过瓶底的小孔，两端均用火柴棒固定。滚动塑料瓶，橡皮筋便带动螺母运动；塑料瓶停止滚动后，橡皮筋带动螺母回弹，进而带动塑料瓶向反向滚动。

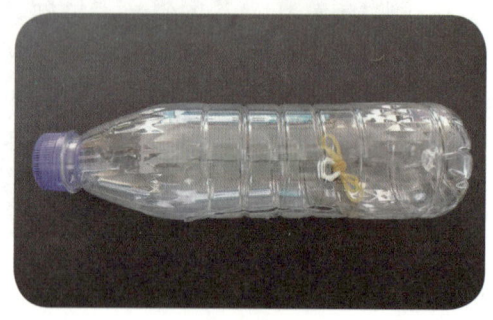
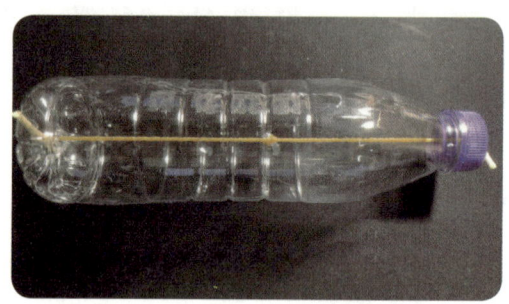

注意事项

1.塑料瓶的切口很锋利，注意不要伤到手。

2.在使用剪刀和小刀时，一定要小心，不要伤到自己或他人。

四 科学原理

在这个制作中，塑料瓶滚动时会产生动能，其中一部分动能转化为橡皮筋的弹性势能；当橡皮筋带动螺母回弹时，弹性势能又转化为动能，使塑料瓶来回滚动。在这个过程中，因为塑料瓶与桌面之间存在摩擦力，会消耗一部分动能，所以塑料瓶不会回弹到原位。

哪个瓶子会更热呢

在烈日炎炎的夏天,假如你穿着深色的衣服,会是什么感觉呢?下面我们就来探究颜色与温度之间有什么关系吧!

 准备制作

塑料瓶、黑色卡纸和白色卡纸(两张卡纸大小和材质等相同)、温度计、剪刀、透明胶带。

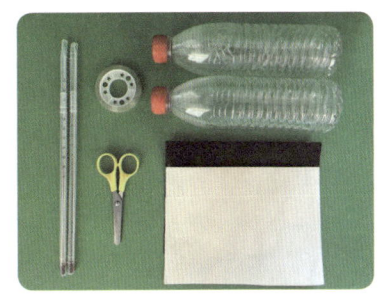

 制作步骤

1. 将黑色卡纸和白色卡纸分别用透明胶带固定在塑料瓶的表面。

2. 向两个塑料瓶中倒入相同温度、相同质量的水,水面高度要高于卡纸高度。

3.将两瓶水放在阳光下照射三小时,然后用温度计测量每个瓶子中的水温。我们会发现包裹黑色卡纸的塑料瓶中的水温较高。

 **注意事项**

1.在使用温度计时,一定要注意安全。如果温度计被摔碎,切勿用手直接清理。

2.要控制好实验变量,比如除卡纸的颜色不同外,其他条件都要一样。

 科学原理

光遇到物体时,一部分会发生反射或折射,另一部分会被物体吸收。光遇到白色的物体时,发生反射的多,被吸收的少;光遇到黑色的物体时,发生反射的少,被吸收的多。在阳光下照射三小时后,包裹黑色卡纸的塑料瓶中的水温较高,说明黑色比白色吸热。

CD 气垫船

气球、光盘、吸管、纸黏土是同学们平时很喜欢玩的东西。下面我们就把这些东西组合起来，制作一艘 CD 气垫船吧！

 准备材料

光盘、气球、笔管、纸黏土、吸管、橡皮筋、胶水。

 制作步骤

1. 把纸黏土搓成圆柱体，在中间钻一个孔，将笔管固定在小孔中，放置至晾干，CD 气垫船的底座便完成了。

2. 用胶水将底座粘在光盘上，使底座的孔与光盘的孔对齐。

3. 将气球套在吸管的一端并用橡皮筋固定住。

4. 把气球吹大，用手指堵住吸管口。再将吸管插入笔管里，气

球带动光盘在地面上漂移，CD 气垫船就动起来了。

三 注意事项

1. 底座也可以用塑料瓶盖制作，在瓶盖上钻孔时要注意安全。
2. 演示地面要平滑。
3. 在使用胶水时，注意不要让胶水粘到手上或者衣物上。

四 科学原理

CD 气垫船是利用高于大气压的空气在船体与地面之间形成气垫，使船体全部或部分离开地面前进的原理制作的。

中高段（4—6年级）

空气动力汽车

汽车向前行驶的动力是什么呢？下面我们来制作一辆简易的空气动力汽车探究一下吧！

 准备材料

塑料瓶、瓶盖、竹签、橡皮筋、气球、弯头吸管、剪刀。

 制作步骤

1. 用剪刀在塑料瓶的瓶身上戳四个孔，将竹签和瓶盖安装在瓶身上。

2. 用剪刀在瓶身中间戳一个孔，然后在瓶底戳一个孔。将弯头吸管插入瓶身，用橡皮筋将气球固定在吸管口。空气动力汽车就制作好了。

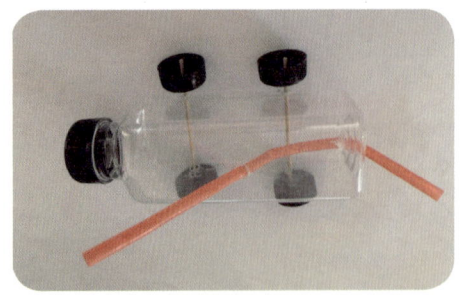 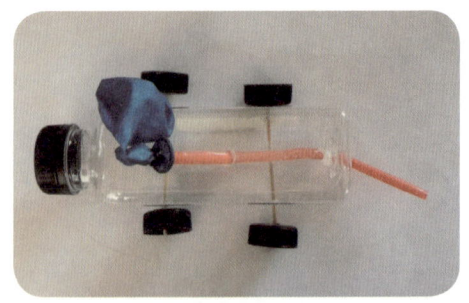

3.给气球吹气,气满后用手指堵住吸管口,将空气动力汽车放在光滑的平面上。松开手,空气动力汽车就向前"行驶"了。

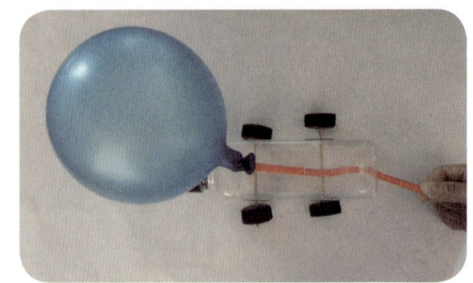

 **注意事项**

1.最好选择质量小的塑料瓶作车身,以使其运动距离更大。

2.给气球吹气时,应将气球吹得大一些,这样可以给空气动力汽车提供更大的动力。

3.要让空气动力汽车在光滑的平面上行驶,以减小车轮与平面之间的摩擦力。

4.在使用剪刀时,一定要小心,不要伤到自己或他人。

 科学原理

物体通过分离一部分物体,使另一部分物体向相反的方向运动的现象,叫作反冲运动。在反冲运动中,物体受到的反冲作用叫作反冲力。当气球向后排出空气时,空气动力汽车在反冲力的作用下就会向前"行驶"。

笼中鸟

给你一张图片，只让你观察其中的一点15到20秒，然后朝墙壁看，并快速眨几下眼睛，你能看到什么呢？下面我们制作一只笼中鸟来一探究竟吧！

 一 准备材料

积木、穿了孔的木棍、细线、笼子贴纸、小鸟贴纸。

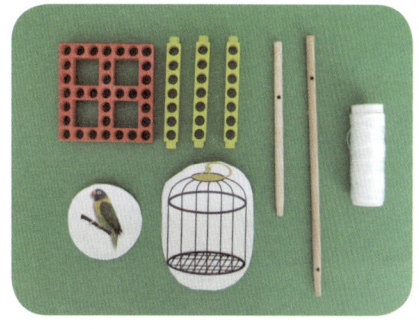

 二 制作步骤

1. 将小鸟贴纸粘贴在笼子贴纸背面的中心位置。
2. 将细线穿入短木棍的小孔中，并将细线的两端系在长木棍上。
3. 将积木按如图所示的方式组合起来，作为底座。

 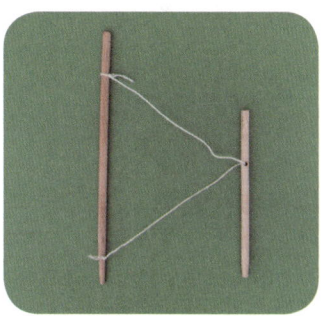 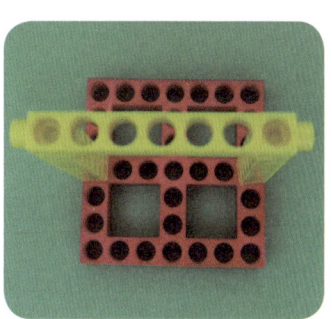

4. 将短木棍绕细线转三圈，然后将短木棍插入底座中间并固定。

5.将小鸟与笼子的贴纸固定在短木棍上。来回拉动长木棍,就可以看见一只在笼中的小鸟了。

三 注意事项

将细线系在长木棍上时,要多打几个结,以防细线松动。

四 科学原理

本制作利用了视觉暂留现象。人眼在观察景物时,光信号传入脑神经需要短暂的时间,光的作用结束后,视觉形象并不会立即消失,这一现象被称为"视觉暂留"。

中高段
(4—6年级)

气球火箭

同学们都在电视上看过火箭发射，在点火的瞬间，熊熊火焰燃起，顷刻间，火箭便拖着长长的"尾巴"飞上天空。下面我们一起制作一个气球火箭吧！

 准备材料

细线、透明胶带、气球、吸管等。

 制作步骤

1. 取一根细线，将细线的一端系在铁杆上，另一端为自由端。

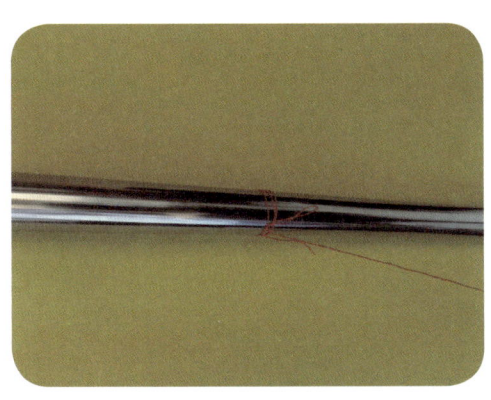

2. 用透明胶带将吸管固定在充满气的气球上，然后将细线穿过吸管。给气球放气，气球就会像火箭发射一样飞出去。

三 注意事项

1. 将吸管粘在气球上时，一定要粘紧，以防在飞行过程中脱落。

2. 吹气球时要小心，防止气球炸到自己。

四 科学原理

力的作用是相互的，当一个物体对另一个物体施加了力，受力物体就会产生一个方向相反、大小相等的力。

探索眼睛的奥秘

眼睛是心灵的窗户,能让我们直观地感受到世界的奇妙与美好。下面我们就来通过一个小制作探索眼睛的奥秘吧!

 准备材料

两个相同的纸盒、半透明薄膜、凸透镜、双面胶、小刀、剪刀等。

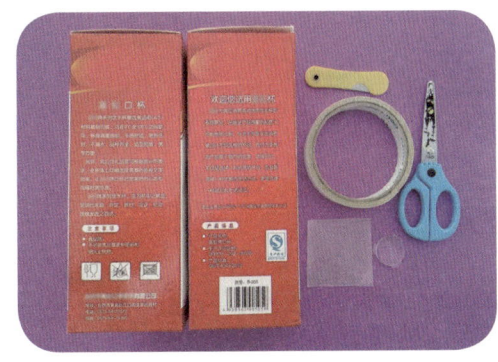

 制作步骤

1. 将两个纸盒用剪刀剪开,剪去盒底部分。

2. 在其中一个纸盒的盒盖上裁出一个比半透明薄膜稍小的正方形孔,将半透明薄膜用双面胶粘在盒盖的内侧。

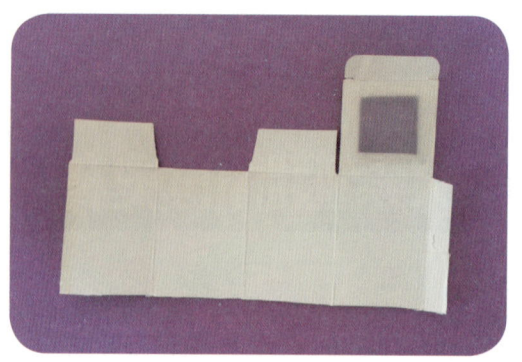

3. 在另一个纸盒的盒盖上裁出一个比凸透镜稍小的圆孔,将凸透镜用双面胶粘在盒盖的内侧。

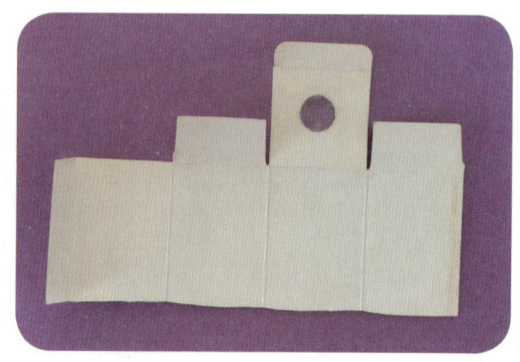

4. 将一个正方形纸片粘在盒盖内侧,用来加固凸透镜。最后将两个纸盒合起来,并用双面胶粘好。

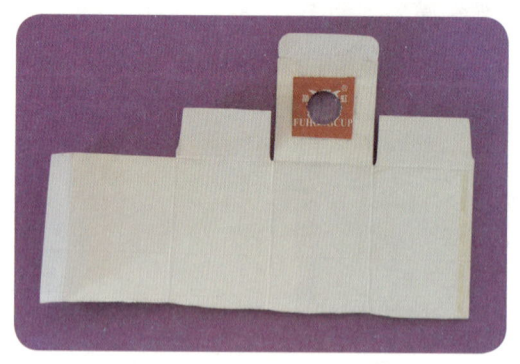

5. 将粘有半透明薄膜的纸盒放进粘有凸透镜的纸盒里。一只眼睛紧贴盒底,对着前方物体前后推拉外面的纸盒,直至能够观察到物体的像为止。

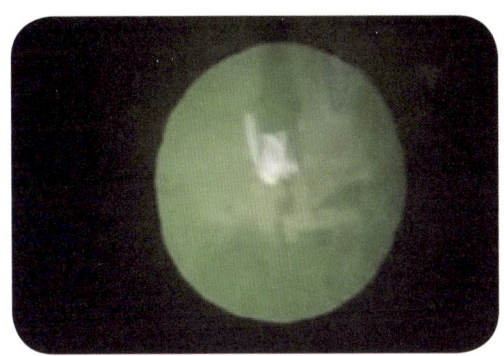

 注意事项

1. 组合两个纸盒时,两个纸盒的放置顺序不能错。

2. 观察物体时,要不断地推拉纸盒,找到合适的位置,才能看清楚物体的像。

3. 在使用剪刀和小刀时,一定要小心,防止伤到自己或他人。

 科学原理

本制作利用了凸透镜成像原理。在凸透镜的一边放置一个物体,在凸透镜的另一边放置一个不透明的光屏,调节它们之间的距离,可以在光屏上得到一个倒立、缩小的实像。

伯努利袋

同学们,如果让你把一个 2 米长的塑料袋吹鼓起来,你觉得自己要用几口气呢?一口气可以吗?下面我们就来验证一口气能否吹起 2 米长的塑料袋吧!

 准备材料

塑料袋(长 2 米)。

 制作步骤

1. 请一位同学拿着塑料袋的一端,另一位同学深吸一口气,往塑料袋里面吹气。将塑料袋里的气体向前捋,看看一口气大约能将塑料袋吹多高。

2.将塑料袋里的气体全部排出,然后使嘴和塑料袋口的距离保持在15厘米左右,重复上述步骤。我们会发现第二次比第一次吹的气体增加了许多,第二次一口气能吹起2米长的塑料袋。

三 注意事项

本制作成功的关键是使嘴和塑料袋口的距离保持在15厘米左右。

四 科学原理

本制作利用了伯努利原理。在一个流体系统(如气流、水流)中,流速越大的地方,压强越小。当嘴和塑料袋口保持一定的距离时,吹气,塑料袋口的气体流速大、压强小,周围的空气就会随着嘴巴吹出的气流一起进入塑料袋中,这样我们一口气就能吹起2米长的塑料袋了。

动态漫画书

同学们，漫画书是你们很喜欢的读物吧！漫画书图文并茂，具有知识性、娱乐性。下面我们就来绘制一本动态漫画书吧！

一 准备材料

正方形纸、固体胶、铅笔、剪刀、水彩笔。

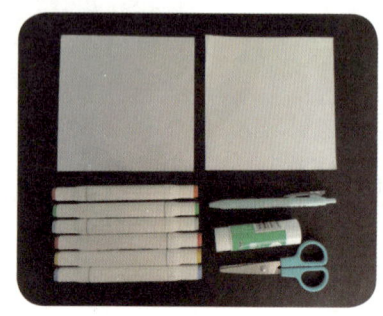

二 制作步骤

1. 分别将两张正方形纸折出十六个小正方形。

2. 将一张正方形纸沿着中间的折痕剪开，将另一张正方形纸沿着中间的折痕剪开至折痕的四分之三处。

 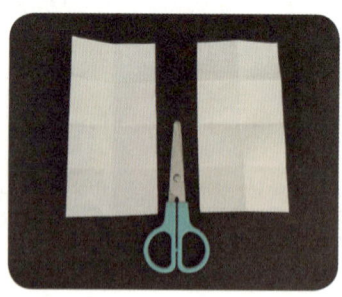 

3. 将未完全剪开的正方形纸放在桌子上，在手指所指的两个小正方形上涂固体胶。

4. 将一个小长方形纸折好后粘在涂抹固体胶的正方形纸上。将

未完全剪开的正方形纸剪开。

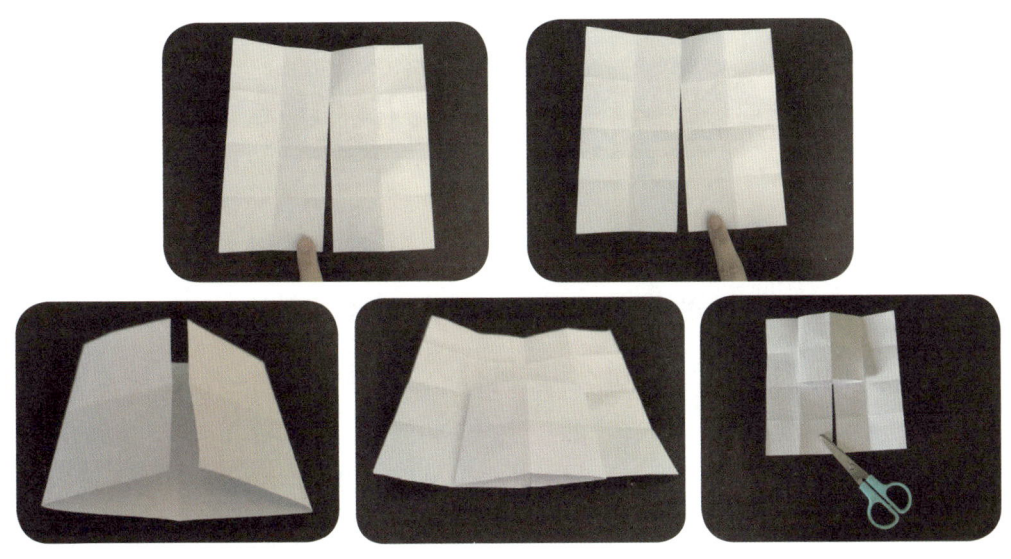

5. 再将另一张小长方形纸粘贴在手指所指的两个小正方形上。

6. 不停地翻转，写下数字序号，在每一页上都画上画，形成一个完整的故事。

 注意事项

在使用剪刀时，一定要小心，不要伤到自己或他人。

四 科学原理

动态漫画书的每一个小正方形可以与不同正方形进行三次组合，从而组合成新的正方形。

浮沉子与潜水艇

潜水艇是一种军用舰艇，它可以潜入水下航行，进行侦察和攻击。下面我们就通过一个科学小制作，了解潜水艇是如何在水中上升和下沉的。

一 准备材料

小螺母若干、滴管、塑料瓶、水杯等。

二 制作步骤

1. 把螺母套在滴管上。将套好螺母的滴管放入水杯中吸水，通过挤压来调节滴管在水中的位置，使滴管刚好浮在水面上。

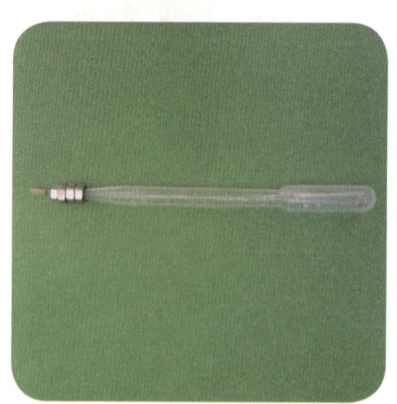

2. 将滴管放在装有水的塑料瓶中，当滴管刚好浮在水面时，拧紧瓶盖，浮沉子就制作好了。挤压瓶子时滴管会下沉，松开瓶子时滴管会上浮。用力挤压瓶子时滴管会沉到瓶子的底部，同时会看到滴管里的水增多了，松开瓶子时滴管又升到瓶子的上部。

三 注意事项

1. 浮沉子内部必须有一定量的气体，塑料瓶的瓶盖要拧紧。
2. 如果用力挤压塑料瓶都不能使滴管下沉，就要增加螺母的数量，直到通过挤压塑料瓶可以使其下沉为止。

四 科学原理

由于塑料瓶是密封的，当挤压瓶子时，瓶子的容积变小，瓶内气体被压缩，压强增大，从而把水压入滴管内，使滴管变重，当滴管的重力大于浮力时，浮沉子下沉；松开手后，瓶内气体压强减小，滴管内的气体又将水压出，滴管的重力减小，当重力小于浮力时，浮沉子上浮。

自制手摇发电机

假如屋内没有电灯照明,你们能不能自制一台发电设备呢?下面我们就来制作一台手摇发电机吧!

 准备材料

木板、木条、钉子、光盘、小电机、粗吸管、灯泡、粗橡皮筋、泡沫双面胶、橡胶垫、塑料卡座、锤子等。

 制作步骤

1. 按照左下图所示制作木质框架。将两张光盘和圆形木块粘在一起,在其中一张光盘的边缘粘一根木条作手柄,光盘传动结构就制作好了。

2. 将粗橡皮筋套入光盘传动结构中,并用一支笔卡住。将套有粗橡皮筋的光盘传动结构安装在木质框架上。

 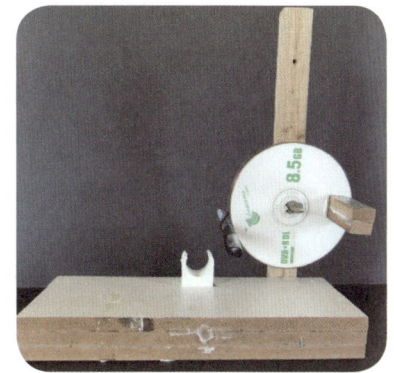

3. 在塑料卡座上安装小电机,将粗橡皮筋套在小电机的齿轮上。

4. 将粗吸管剪开,把灯泡的电线放进去。将粗吸管固定在木质框架上,并将灯泡的电线连接在小电机上。

5. 转动光盘传动结构的手柄，灯泡就发光了。

三 注意事项

1. 在安装过程中，要注意小电机和光盘之间的距离，要将粗橡皮筋拉伸到合适的长度，这样才能更好地进行传动。

2. 转动光盘传动结构时，注意不要用手触碰小电机。

3. 在使用锤子时，一定要小心，不要伤到自己或他人。

四 科学原理

手摇发电机利用的是电磁感应原理。转动光盘传动结构，粗橡皮筋带动小电机的齿轮转动，电机内部的线圈在磁场中做切割磁感线运动，产生了感应电流，灯泡就被点亮了。

中高段（4—6年级）

会"舞动"的蝴蝶

保护环境、变废为宝的观念已成为一种新风尚。下面我们就来用废弃物制作一只会"舞动"的蝴蝶吧！

 准备材料

吸管、笔芯、塑料瓶、美工刀、剪刀、细铁丝、白纸、透明胶带、固体胶。

 制作步骤

1. 将吸管切成三段，切口处不断开，并将细铁丝折成弓形。

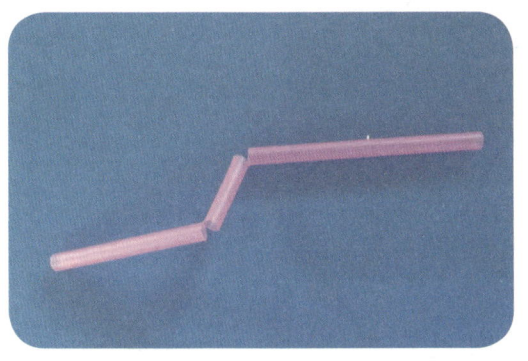
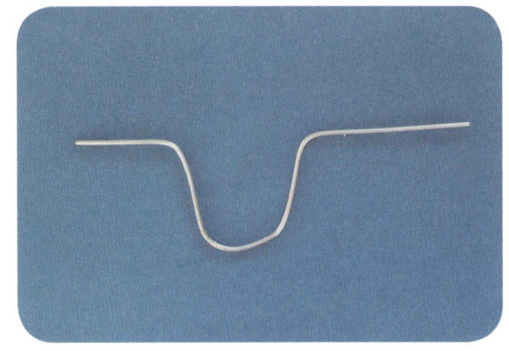

2. 在塑料瓶的瓶盖上钻一个孔，剪下塑料瓶的上半部分，在其两侧正对着钻两个小孔。将吸管和细铁丝按如图所示的方式组装好。

149

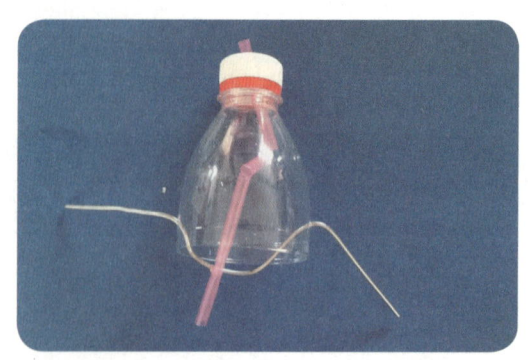

3. 从另一个塑料瓶的瓶身上剪下一个半圆形塑料环，在半圆形塑料环正中间钻一个与吸管横截面大小相同的孔。

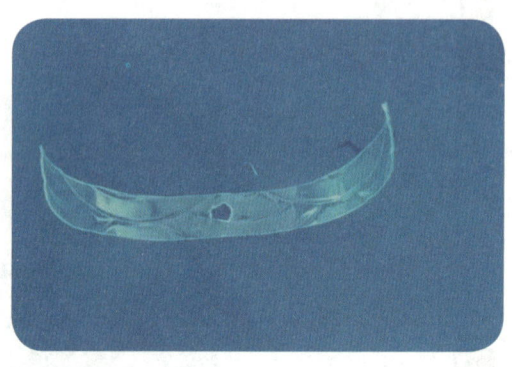

4. 用白纸制作一只蝴蝶。把笔芯切断，将蝴蝶粘在笔芯顶端。

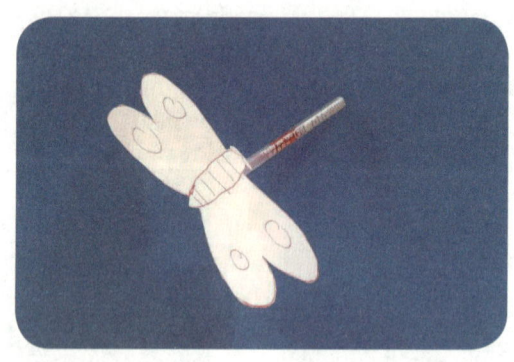

5. 将半圆形塑料环用透明胶带固定在瓶盖上，并将笔芯的另一端插入吸管，将蝴蝶的两个翅膀与半圆形塑料环粘在一起，然后将塑料瓶上半部分与下半部分粘在一起。转动弓形细铁丝，蝴蝶便"舞动"起来了。

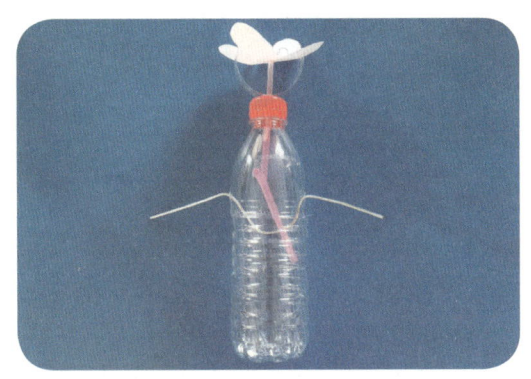

 三 注意事项

1.在切吸管时，不能将吸管切断，且中间的一段吸管要比另外两段稍微短一些。

2.笔芯的横截面面积要小于吸管的横截面面积，以保证笔芯能插进吸管。

3.在使用美工刀和剪刀时，一定要小心，不要伤到自己或他人。

 四 科学原理

本制作是一个比较复杂的传动系统。转动弓形细铁丝时，细铁丝带动吸管和笔芯上下运动，从而使蝴蝶的身体跟着上下运动，而蝴蝶翅膀的两端由于被固定在半圆形塑料环上，因此形成上下摆动的"舞动"姿态。

电与磁

世界上有很多神奇的现象。下面我们就来看看,当纸杯、铜丝、电池、磁铁相遇,会发生什么吧!

 准备材料

铜丝、磁铁、5号电池、纸杯(或纸盒)。

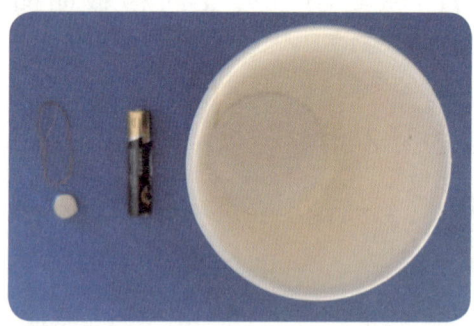

 制作步骤

1. 将磁铁吸在电池的负极上,然后将铜丝绕成心形。

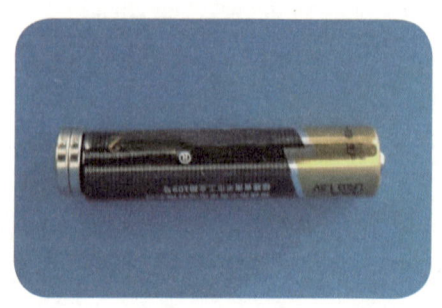 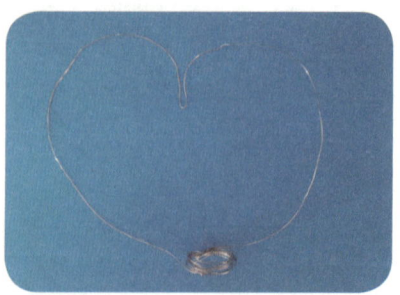

2. 将铜丝顶部与电池的正极相接,铜丝底部环状部位与磁铁相接。

中高段
（4—6年级）

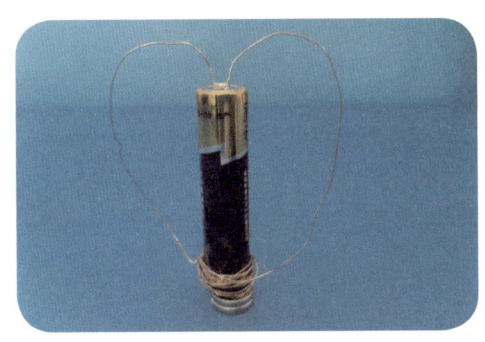

3. 将纸杯剪成如图所示的形状，轻轻地放在铜丝上面，纸杯就会随着铜丝一起转动。

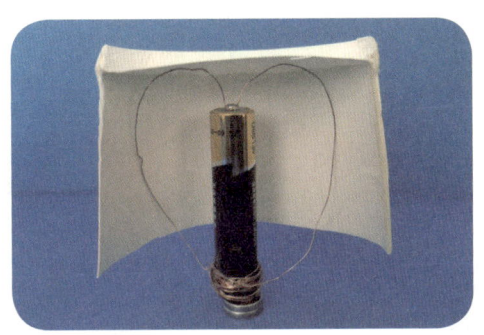

三 注意事项

不可长时间通电，以防电路过热，烫伤手指。

四 科学原理

铜丝与电池、磁铁相接，形成了一个闭合回路，铜丝在磁场中受到安培力的作用，便带动纸杯一起旋转起来。

简单的直流电机

你听说过丹麦科学家奥斯特吗？他发现了电流的磁效应。下面我们来制作一台简单的直流电机，了解一下他的发现吧！

一 准备材料

漆包线（或铜丝）、别针、缝纫机梭芯、绝缘胶带、1号电池等。

二 制作步骤

1. 用绝缘胶带将两个别针分别固定在电池两端，将漆包线缠绕在缝纫机梭芯上。

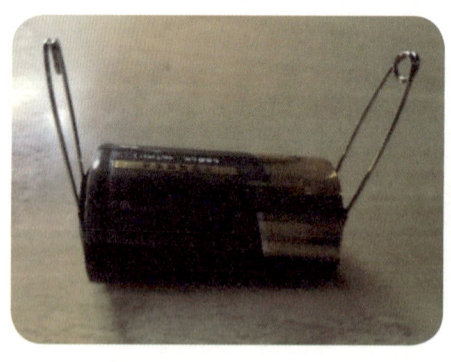

2. 将缠有漆包线的缝纫机梭芯横放在电池上，漆包线的两端要缠绕在两个别针上。

3. 再取一根漆包线，将其绕成圆圈状，将漆包线的两端缠绕在线圈的相对位置上,并保留一定的长度。

4.将线圈两端的漆包线分别插入别针上部的圆环里,线圈就转动起来了。

三 注意事项

1.要把漆包线两端表层的漆用小刀刮掉。

2.线圈在转动过程中会发热,不要用手直接触碰。

四 科学原理

任何通电导线周围都会产生磁场,这种现象被称为电流的磁效应。通电的线圈和缝纫机梭芯上的线圈会产生磁场,两者产生的磁场相互排斥,从而使铜线圈转动。

"旋转木马"

同学们,你们玩过旋转木马吗?下面我们来探究旋转木马的奥秘吧!

一 准备材料

电机、电池盒(含电池)、瓶盖、木棍、螺丝刀、扎带、细线、皮带轮、齿轮、多孔接头、小石子等。

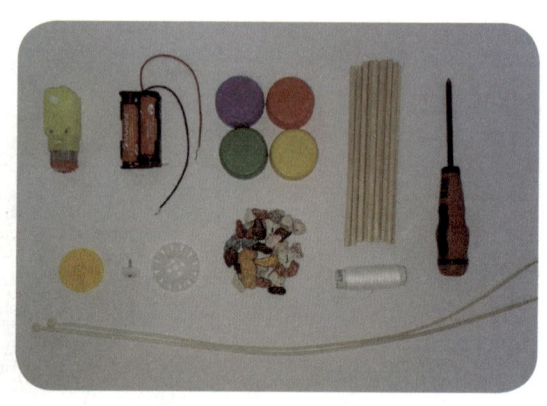

二 制作步骤

1. 将螺丝插入齿轮的孔中,并穿入多孔接头,然后按如图所示的方式组装好电动装置。

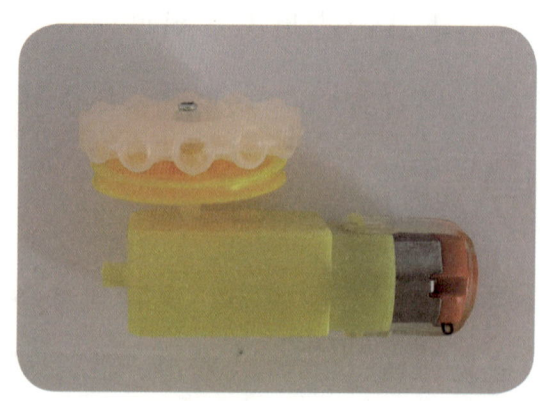

2.在电池盒两侧对应的位置钻孔,用扎带将电池盒固定在塑料瓶的瓶身上。

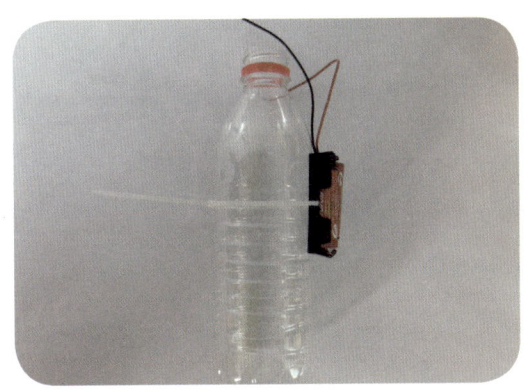

3.将小石子放入塑料瓶中。在瓶口相对的位置钻两个孔,用扎带将电动装置固定在瓶口。

4.在每个瓶盖的侧壁钻两个孔,然后一一穿在细线上,并将细线绑到木棒上。

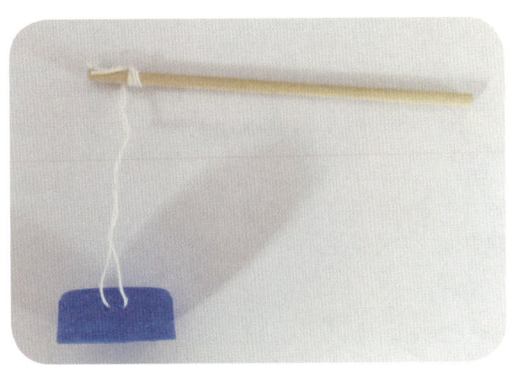

5.将木棒一一插入多孔接头中。将电池盒上的两根导线缠绕在电机两端的电极上,"旋转木马"就开始旋转了。

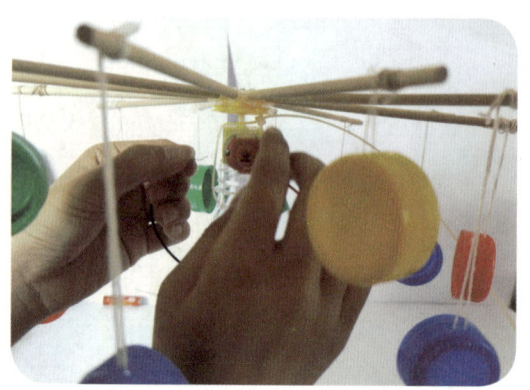

三 注意事项

1.在使用螺丝刀时,一定要小心,不要伤到自己或他人。
2.电机在工作过程中会发热,不要直接用手触碰。

四 科学原理

旋转木马是一个比较复杂的传动装置,电机带动皮带轮旋转,进而带动木棍、细线和瓶盖一起旋转。在旋转的过程中,瓶盖受到离心力的作用,出现向外运动的趋势。

跳动的"牛"

同学们,你们用过电动牙刷吗?用坏了的电动牙刷还保存着吗?下面我们就用它来制作一头跳动的"牛"吧!

 准备材料

电动牙刷头、电动牙刷振动器、5号电池、皮筋、彩色卡纸、双面胶、剪刀等。

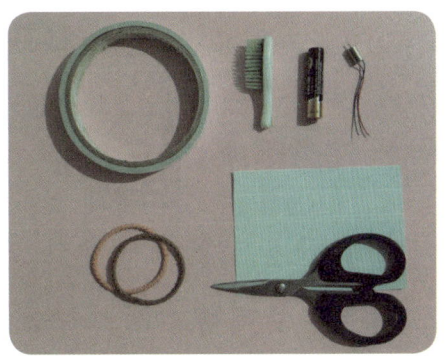

 制作步骤

1. 用振动器上的两根导线分别触碰电池的正、负极,测试振动器是否有问题。

2. 用皮筋将振动器和牙刷头固定在电池上。

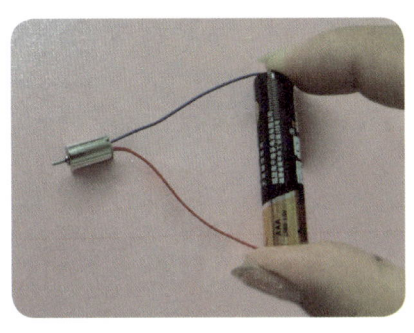

3. 用双面胶将振动器上的导线固定在电池上，红线连接在电池的正极上，蓝线连接在电池的负极上。

4. 用彩色卡纸制作牛头及牛尾，把它们粘在电池的两端，跳动的"牛"就制作好了。

 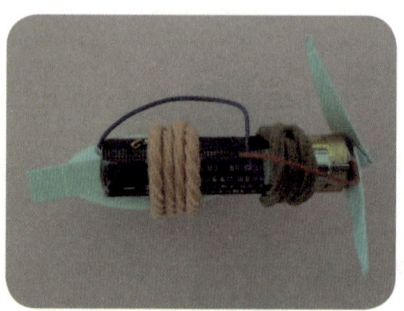

三 注意事项

1. 将振动器上的导线正确连接在电池的正、负极上。
2. 在使用剪刀时，一定要小心，不要伤到自己或他人。

四 科学原理

振动器由一个微型的电动机（马达）和一个凸轮（也叫偏心轮、振动端子）组成。凸轮在空气中高速转动时会产生离心力，离心力的方向会随着凸轮的转动而不断变化，从而带动整个电机快速抖动，"牛"就跳动起来了。

风力发电机

电是我们日常生活中必不可少的一部分能源。你们知道发电机是怎么发电的吗？下面我们就来制作一台风力发电机吧！

一 准备材料

泡沫板、纸杯、圆柱形塑料筒、漆包线（或铜丝）、LED 灯、细导线、笔尖、螺母、橡皮、铁棒、硬质吸管、木棒、光盘、胶水、剪刀等。

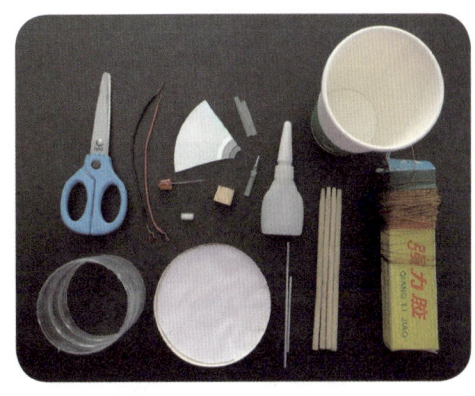

二 制作步骤

1. 在圆柱形塑料筒侧面的相对位置分别用剪刀戳两个孔，将两根吸管分别插入孔中。

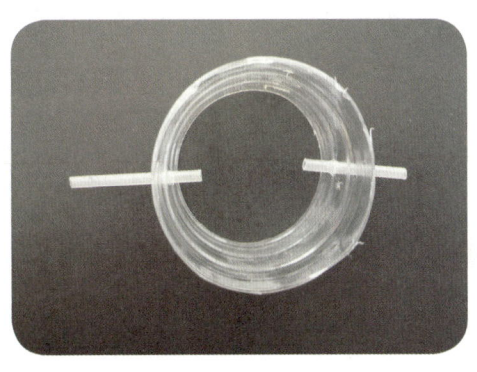

2. 将漆包线交叉缠绕在圆柱形塑料筒上，然后用胶水将吸管周围的漆包线固定。

3. 在瓶盖的中间钻一个小孔，用纸杯剪出六片扇叶，用胶水将扇叶粘在瓶盖背面。在瓶盖中间的小孔中固定一个螺母，然后将一根铁棒插入螺母中。

4. 将四根木棒依次插入泡沫板中，在泡沫板中间放一小块光盘。

5. 把另一根铁棒的一端插入笔尖。

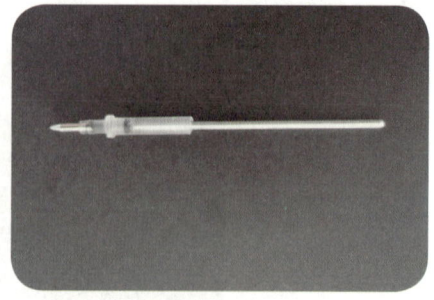

6. 把缠有漆包线的圆柱形塑料筒固定在木棒中间，吸管正对泡

沫板中心。将连接扇叶的铁棒从上面的吸管穿出、连接笔尖的铁棒从下面的吸管中穿出，在两根铁棒中间放一小块橡皮，将两块磁铁放在橡皮两侧的相对位置，慢慢调整两根铁棒的位置，使它们在一条直线上。

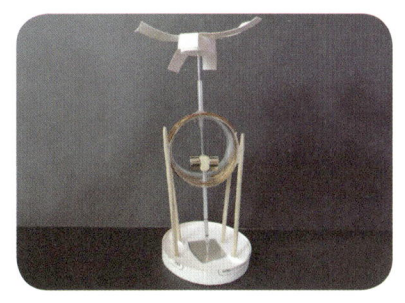

7. 用小刀刮去两根细导线两端的绝缘塑料层，然后与 LED 灯相接。将连在 LED 灯上的两根细导线分别连接在漆包线两端。将整个装置放在转动的电风扇下，LED 灯就亮了。

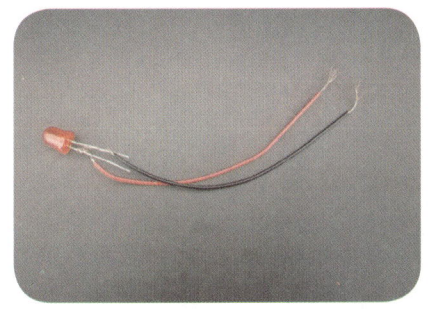
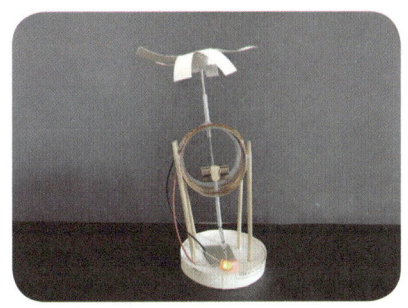

三 注意事项

1. 在使用剪刀和小刀时，一定要小心，不要伤到自己或他人。

2. 风力发电机的制作比较复杂，制作时要先做好总体的规划，不能想一步做一步。

四 科学原理

电磁感应现象是指闭合电路的一部分导体在磁场中做切割磁感线运动，导体中就会产生电流的现象。在电磁感应现象中产生的电流叫作感应电流。风力发电机是依据这一原理制作的。

原子的排列模型

钢珠是一种神奇的东西,将它们装在废旧的光盘盒里,它们能演示出物质组成的形式。下面我们就来试一试吧!

 一 准备材料

废旧的光盘盒、钢珠、透明胶带、剪刀。

 二 制作步骤

1. 打开光盘盒,将钢珠装满盒子的四分之三,盖上盖子。

2. 用透明胶带封住光盘盒的四边。

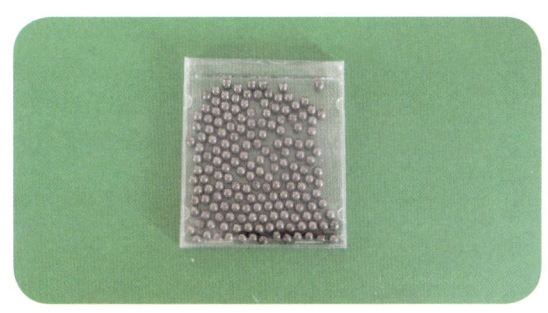

3. 不断翻转、旋转、敲击光盘盒，观察钢珠的排列组合。

三 注意事项

1. 建议选用直径约为 7 毫米的钢珠，可达到很好的演示效果。
2. 光盘盒要用透明胶带封好，以防钢珠洒落。

四 科学原理

很多物质是由分子组成的，分子中的原子是有序排列的。原子的排列方式不同，物质的物理性质就会有所差异。

爱"运动"的弹子鼠

同学们,你们知道弹子鼠吗?弹子鼠能跑吗?下面我们就来制作一只爱"运动"的弹子鼠吧!

一、准备材料

弹珠、硬卡纸、橡皮、剪刀、美工刀、水彩笔、铅笔。

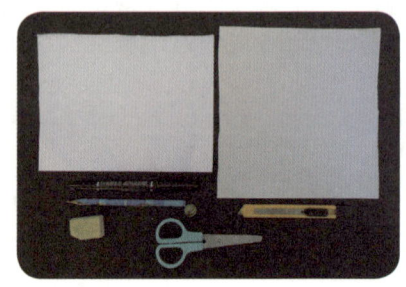

二、制作步骤

1. 按如图所示的形状在硬卡纸上画一只老鼠,用剪刀把画好的老鼠剪下来,用美工刀在三个圆圈中分别挖出一个洞。将老鼠的平面图折成"屋顶"状结构。

 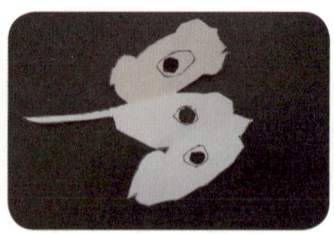 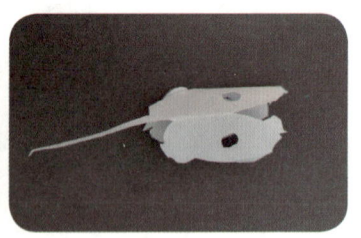

2. 将老鼠的平面图展开,用美工刀在如图所示的位置分别划出一道缝隙,注意缝隙不要太大。将双箭头所指的位置插好,立体的老鼠就做好了。

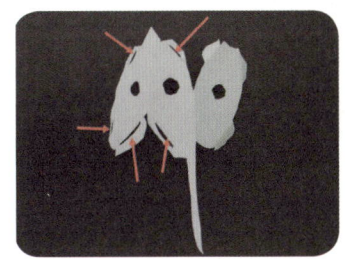  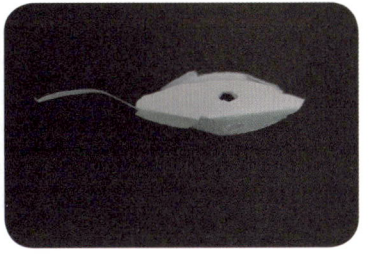

3.将弹珠塞入老鼠内部。调整弹珠的位置，保证弹珠能在桌子上滚动但不会掉出来。

 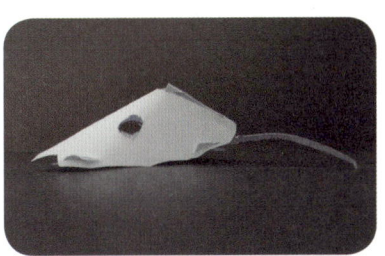

4.给老鼠画上鼻子，卷一个细细的翘尾巴，弹子鼠就制作好了。把弹子鼠放在硬卡纸上，小幅度倾斜硬卡纸，弹子鼠便会运动起来。

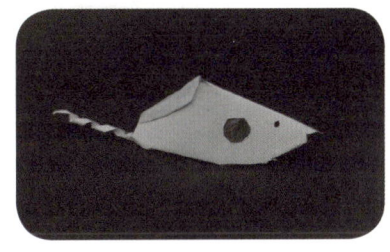

三 注意事项

在使用美工刀和剪刀时，一定要小心，不要伤到自己或他人。

四 科学原理

力可以改变物体的运动状态。当受力改变时，物体会从势能高的位置向势能低的位置运动。倾斜硬卡纸时，弹子鼠由于受到重力的影响，便沿着斜面向势能低的位置运动。

会弯曲的光

同学们都知道光是沿直线传播的,那你们见过会弯曲的光吗?下面我们就来探究光的奥秘吧!

一 准备材料

鱼缸、水、蔗糖、激光笔。

二 制作步骤

1. 向鱼缸中注入3升清水,然后加入250克蔗糖。静置24小时以上,让蔗糖慢慢溶解,不要搅拌。

2. 蔗糖慢慢溶解后,越靠近鱼缸底部,蔗糖溶液的浓度越大;越靠近水面,蔗糖溶液的浓度越小。溶液的密度由下往上逐渐变小,形成了一个"密度阶梯"。

3. 用激光笔照射溶液的上部，可以看到光束直线射出。慢慢向下移动激光笔，可以看到光线慢慢变弯曲了。激光笔照射的位置不同，光线的形状也不同。

三 注意事项

1. 鱼缸是易碎品，要轻拿轻放。

2. 向鱼缸中注水时，动作要缓慢。向鱼缸中加入蔗糖时不要搅拌。

3. 不能用激光笔照射人的眼睛。

四 科学原理

光的折射是指光从一种介质斜射入另一种介质时，传播方向发生变化，从而使光线在不同介质的交界处发生偏折的现象。

会"滑行"的蜘蛛

蜘蛛是一种常见的动物,你们有没有观察过蜘蛛是怎么运动的呢?下面我们通过一个小制作来了解蜘蛛是怎么运动的吧!

 一 **准备材料**

蜘蛛形卡纸、硬币、针、细线、双面胶(或胶水)、剪刀、火柴盒、竹签(或牙签)。

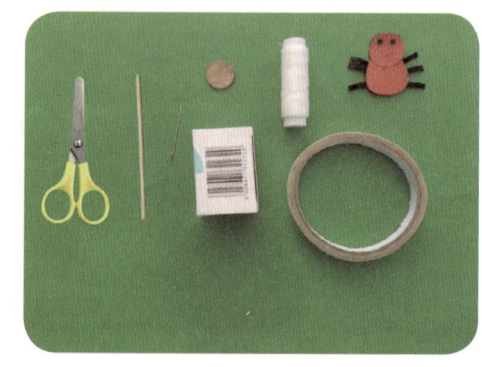

 二 **制作步骤**

1. 用针在火柴盒侧面的中心各戳一个洞,然后在火柴盒内的中心位置粘一枚硬币。

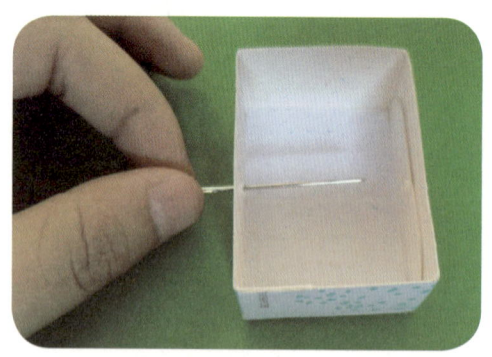 

2. 将一截竹签从小孔纵穿火柴盒,再用针将线横穿火柴盒。

中高段
(4—6年级)

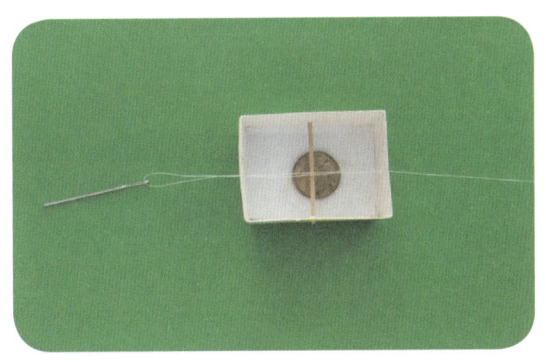

3. 用双面胶将蜘蛛形卡纸粘在火柴盒的背面。向上拉细线，蜘蛛会向下"滑行"。

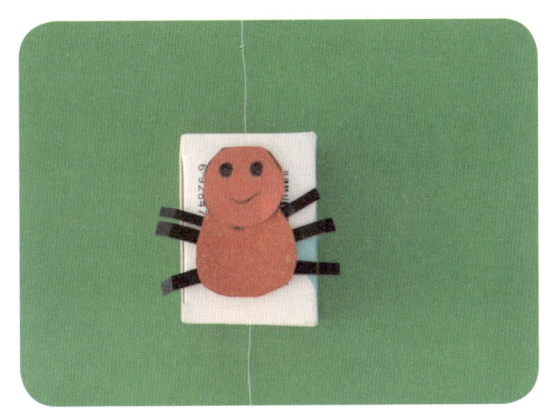

三 注意事项

在使用针和剪刀时，一定要小心，不要伤到自己或他人。

四 科学原理

物体由于地球的吸引而受到的力叫作重力。重力的方向总是竖直向下的。物体所受的重力跟物体的质量成正比。由于蜘蛛形卡纸所受的重力较小，因此通过硬币来带动蜘蛛向下运动。

冷热水对流

在煤炉上用水壶烧水时,只加热了水壶的底部,为什么水壶中上面的水也能变热呢?下面我们就来探究一下其中的奥秘吧!

 准备材料

大透明杯子、带盖的小玻璃瓶、墨水、细线、螺丝刀。

 制作步骤

1. 在大透明杯子里装冷水,能完全浸没小玻璃瓶即可。

2. 用螺丝刀在小玻璃瓶的瓶盖上戳一个孔,将小玻璃瓶装满热水,再滴入四滴墨水,盖上瓶盖,然后在瓶口系一根细线。

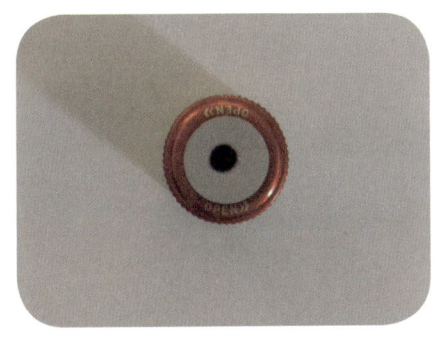

3. 提着细线将小玻璃瓶慢慢放进大透明杯子里，便能看到小玻璃瓶里带有颜色的水向外溢出。

 **注意事项**

1. 使用螺丝刀时，一定要小心，不要戳伤自己。
2. 向小玻璃瓶中倒热水时，要注意安全，不要烫到自己。

 **科学原理**

液体各部分之间发生相对位移，依靠冷热液体相互掺混和移动所引起的热量传递方式称为对流。小玻璃瓶里装的是热水，大透明杯子里装的是冷水，热水的密度比冷水的密度小，热水向上流，冷水向下流，因而产生了对流现象。

从长方形到圆柱体

长方形是长方形,圆柱体是圆柱体,长方形怎么能变成圆柱体呢?下面我们就一起动手探究吧!

 一 制作材料

A4纸、直尺。

 二 制作步骤

1. 将A4纸沿横向折成三等份,再将A4纸沿纵向折成八等份。

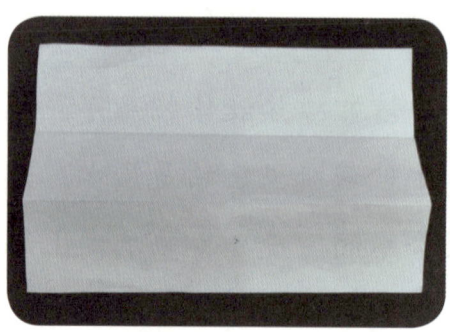 

2. 把折纸后形成的中间的八个小长方形沿对角线进行对折。

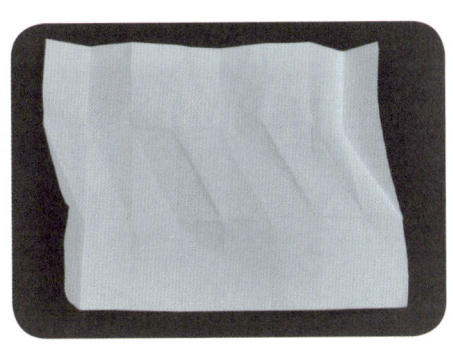

3. 捏住对角线，边提捏边旋转，纸就会一点点地折叠重合，可得到一个空心的、可盛放物体的圆柱体。

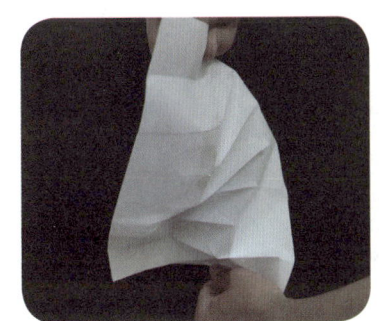 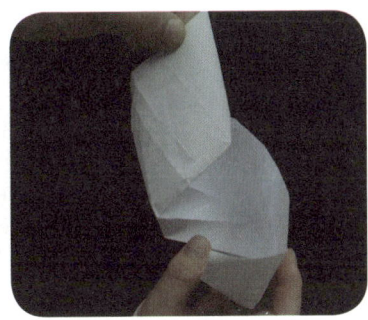 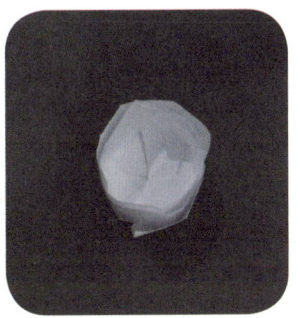

三 注意事项

折纸的时候要细心，等分要尽量精准。

四 科学原理

折纸是一种艺术形式，通过复杂的重叠和变形，可以实现由平面到立体的神奇变化。

简单的镶嵌

我们在生活中的很多地方都能看到镶嵌,如花砖拼接的地面、蜂巢、水立方等。下面我们一起学习镶嵌的设计和制作,感受镶嵌的视觉效果吧!

 一 准备材料

剪刀、彩色卡纸、双面胶、铅笔。

 二 制作步骤

1. 将正方形彩色卡纸沿对角线对折。将正方形一条边上的两个角折成两个等腰三角形,用剪刀将这两个等腰三角形剪下来。

2. 将两个等腰三角形平移,与正方形的另一条边相接,用双面胶进行粘贴。

3. 在一个等腰三角形与正方形的拼接处剪下一个小三角形，将其粘贴在另一个等腰三角形的直角边上，一只展翅奋飞的纸鹤就做好了。

4. 把做好的纸鹤放在彩色卡纸上，描画出多只纸鹤的轮廓，然后用剪刀剪下来。用铅笔给纸鹤画上眼睛，再将它们排列拼接在一起，就是一个有趣的镶嵌设计。

三 注意事项

1. 在描、剪纸鹤的过程中,每只纸鹤都要相同。
2. 在使用剪刀时,一定要小心,不要伤到自己或他人。

四 科学原理

镶嵌也称密铺,是指用形状、大小完全相同的一种或几种平面图形进行拼接,使彼此之间不留空隙、不重叠地铺成一片。纸鹤的各部分都是由裁剪正方形平移得到的,按照镶嵌的原则,无缝隙、不重叠地拼接多只纸鹤,就可以无限拼接下去。

中高段
(4—6年级)

翻滚的胶囊

同学们,你们知道翻滚蕴含哪些科学知识吗?下面我们就通过翻滚的胶囊一起探究吧!

一 准备材料

胶囊、小钢珠、硬纸条。

二 制作步骤

1. 将小钢珠装进胶囊中。

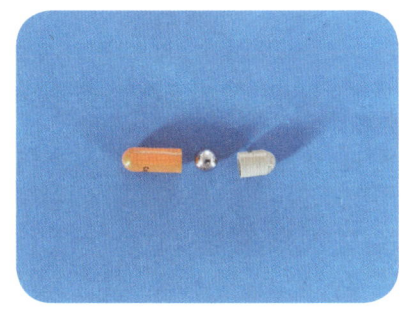

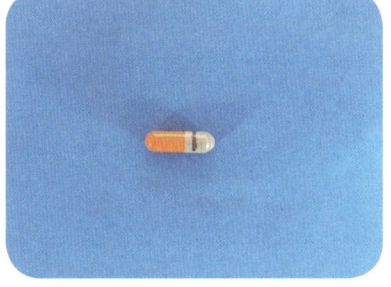

2. 将硬纸条对折。

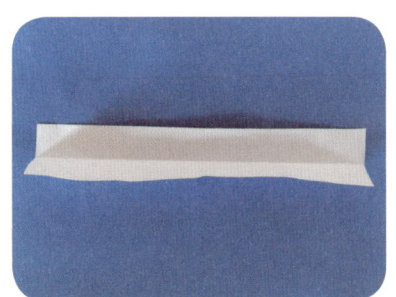

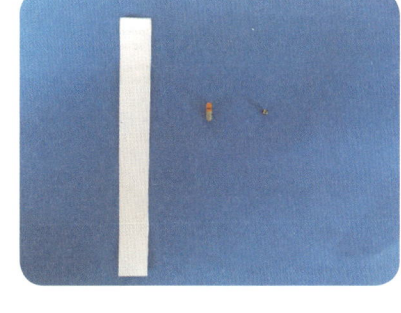

179

3.把胶囊放在折好的硬纸条的折线上，倾斜硬纸条，胶囊便会在硬纸条上翻滚。

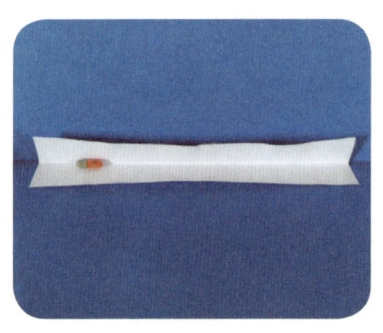 

三 注意事项

1.不可将胶囊和钢珠放入口中、鼻中、耳中、眼中等。

2.胶囊一定不可沾到水，以防胶囊变软。

3.硬纸条应选择粗糙一些的，这样实验效果会更好。

四 科学原理

胶囊能在硬纸条上翻滚，是因为重心发生了改变。当硬纸条倾斜时，钢珠就会滚动，从而使胶囊的重心发生改变，胶囊一头重一头轻，轻的一头就会翘起来，沿着斜坡不断地翻滚。

中高段
（4—6年级）

火箭弹

同学们一定都对火箭发射充满兴趣，那你们知道火箭弹是什么吗？下面我们就一起制作简易火箭弹，来了解有关火箭弹的科学知识吧！

  准备材料

PVC管、彩色卡纸、透明胶带、剪刀、中性笔。

  制作步骤

1. 取两张小彩色卡纸，将其卷成圆锥形的纸筒，用透明胶带将连接处粘贴起来。

2. 将圆锥形的纸筒放进PVC管的一端，用中性笔在超出部分做标记线，沿着标记线把多余的部分剪掉，火箭弹就制作完成了。

3. 把火箭弹装进 PVC 管中，对着火箭弹尾部用力吹气，火箭弹就能击穿纸张。

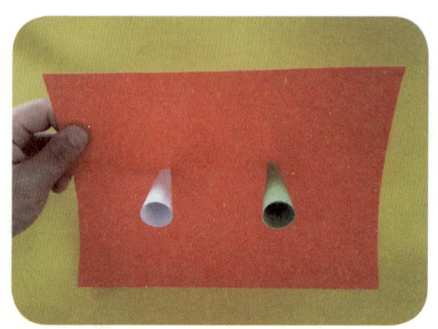

1. 火箭弹的顶端要留有尖头，否则不易击穿纸张。
2. 在使用剪刀时，一定要小心，不要伤到自己或他人。

四 科学原理

力能够改变物体的运动状态，静止的火箭弹能够从 PVC 管中冲出，是因为受到了力的作用。由于火箭弹的顶端是尖的，当受到的力足够大的时候，便能击穿纸张。

中高段（4—6年级）

伯努利锥

同学们，你们知道用一张报纸能做出什么科学作品吗？下面我们一起见证报纸的神奇科学效应吧！

   一、准备材料

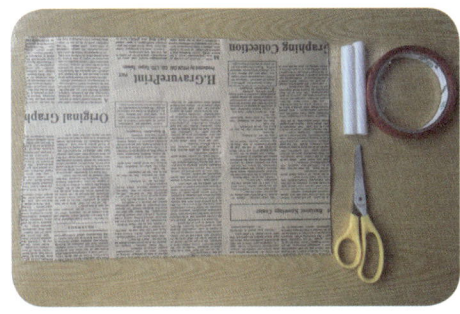

报纸（A4纸大小）、吸管、剪刀、透明胶带。

   二、制作步骤

1.将报纸卷成一个圆锥形的纸筒，用透明胶带将连接处粘贴起来，防止纸筒散开。

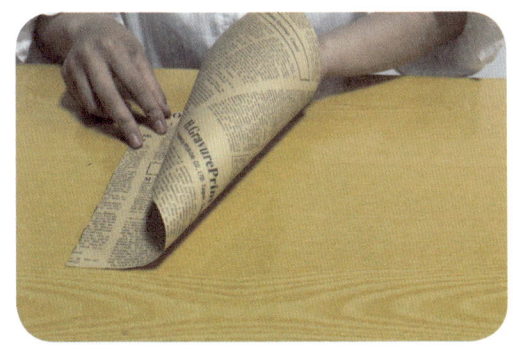 

2.用剪刀将纸筒的开口处剪平，并在纸筒尖端剪出一个孔，孔的直径与吸管的直径大小一致。

183

3.将吸管从纸筒内部插入,在尖端处伸出去一些,用透明胶带粘住吸管与小孔的连接处,伯努利锥就制作好了。对着吸管用力吹气,圆锥形纸筒就会合起来。

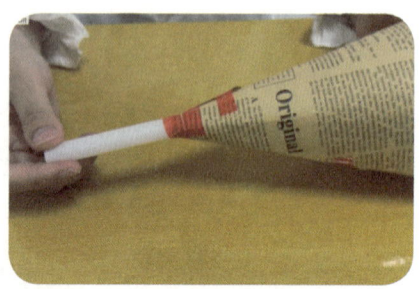 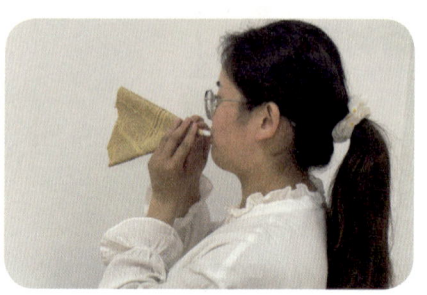

1.把报纸卷成纸筒时,要使两边重合的地方尽量小,这样纸筒就会变得大而薄。

2.在使用剪刀时,一定要小心,不要伤到自己或他人。

四 科学原理

伯努利原理是指在同一流体系统中,流速越小的地方,压强越大;流速越大的地方,压强越小。当我们对着吸管用力吹气时,纸筒内部空气的流动速度会加快,纸筒内部的压强变小。当纸筒内部的压强小于纸筒外部的大气压时,纸筒就会在外部大气压的作用下合起来。

水往高处流

水往低处流,是因为水受到了重力的作用,有没有什么方法能使水往高处流呢?下面我们就一起来试一试吧!

 准备材料

火柴、蜡烛、玻璃杯、盘子、橡皮筋、带有颜色的水(可用绘画颜料或墨水等调制)。

 制作步骤

1. 将一根点燃的蜡烛放在盘子中,倒入有颜色的水,然后用玻璃杯罩住燃烧的蜡烛,蜡烛熄灭后,杯中的水位就会慢慢上升,在水面的位置套一根橡皮筋。

2. 将两根点燃的蜡烛放在盘子中,然后重复步骤1。

3. 将三根点燃的蜡烛放在盘子中，然后重复步骤 1。

4. 观察对比三次水位上升的位置。

 注意事项

1. 要保持玻璃杯底部干燥，以减少水蒸气的影响。

2. 把玻璃杯从蜡烛上方拿走时，会带出一部分水，要及时擦拭干净。

3. 在使用火柴和蜡烛时，要注意用火安全。

四、科学原理

当点燃的蜡烛被玻璃杯罩住后,杯中的氧气会渐渐被消耗完,由于杯口完全浸没在水中,外部空气无法进入杯中,蜡烛就会慢慢熄灭,同时,杯子里的气压渐渐变小。当杯子里的气压小于杯子外的气压时,水就被外部气压压进杯子里,我们就看到了"水往高处流"的现象。

用塑料瓶吹气球

同学们,你们见过有人用塑料瓶吹气球吗?下面我们就一起来见证这一有趣的现象吧!

 一 准备材料

塑料瓶、吸管、气球、剪刀、胶水。

 二 制作步骤

1. 用剪刀在塑料瓶上戳个孔,把吸管插进孔里,然后用胶水将吸管周围的缝隙填满。

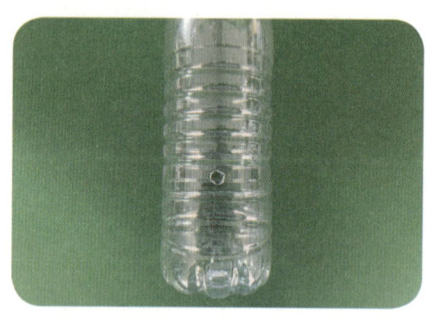 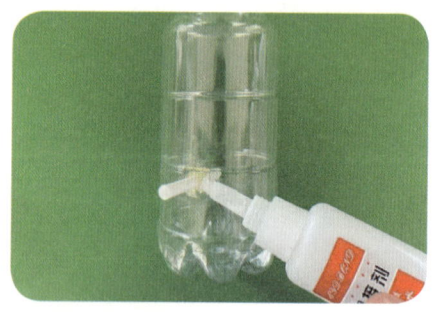

2. 将气球放进塑料瓶中,把气球口翻过来包住瓶口。通过吸管把塑料瓶里的气体往外吸,气球就会慢慢鼓起来。

3. 气球膨胀后,停止吹气,用手指堵住吸管口,然后慢慢移开手指,气球会逐渐恢复原状。对着吸管吹气,气球又会慢慢从瓶口鼓出。

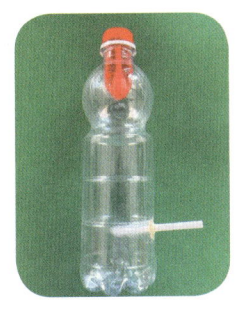

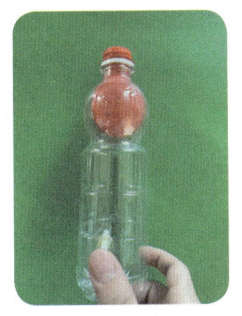

 注意事项

1. 选用浓稠的胶水封住吸管周围的缝隙，防止漏气。
2. 在使用剪刀时，一定要小心，不要伤到自己或他人。
3. 使用胶水时，注意不要让胶水粘到手上或者衣物上。

科学原理

存在气压差时，气体会从气压高的地方向气压低的地方流动。把塑料瓶中的气体往外吸时，塑料瓶内的气压比气球内的气压低，气球就会在塑料瓶内鼓起来；移开手指后放气，当塑料瓶内的气压和气球内的气压一样时，气球就会恢复原状；对着吸管吹气时，塑料瓶内的气压比气球内的气压高，气球就会从瓶口鼓出。

平衡的钉子

如果不依靠任何外力,有什么办法能让八根钉子保持平衡呢?下面我们就一起来探究一下吧!

 准备材料

钉子、木板。

1. 将一根钉子放在桌面上,再将六根钉子交叉架在它的上面,保持钉子的圆头朝内、尖头朝外,按顺序摆放好。

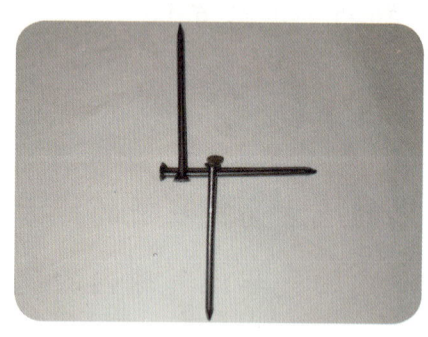 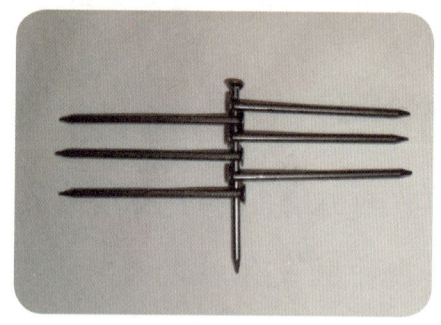

2. 将一根钉子架在摆放好的钉子的交叉面上,其圆头与第一根钉子的圆头方向相反。再将另一根钉子钉在木板中央。

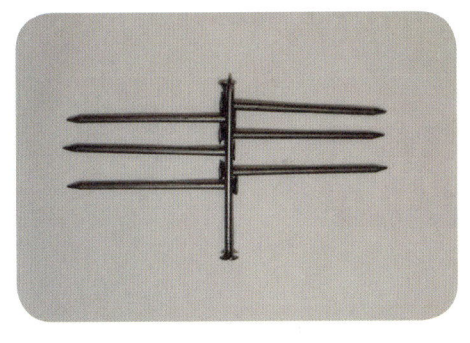

3. 两手一起捏住上下两根钉子，将摆放好的钉子放在木板中央的钉子上。轻轻拨动两边的钉子，整个组合体会保持平衡。

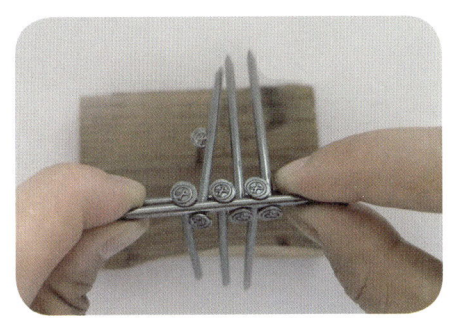

三 注意事项

在使用钉子时，要注意安全，不要伤到自己或他人。

四 科学原理

交错摆放的六根钉子使得组合体左右保持平衡，且六根钉子的重心都低于组合体的支点，保证了组合体上下平衡，上下两根钉子起到阻止其他钉子旋转的作用，所以组合体处于平衡状态。

悬浮的光盘

光盘能悬浮在空气中吗？下面我们就一起来试试吧！

 一 准备材料

瓶盖、光盘、塑料管、胶水、戳针、打火机、蜡烛。

 **二 制作步骤**

1. 在瓶盖中心用戳针戳一个孔，然后给戳针较粗的一头加热，再将其戳进孔里，将孔戳大至能用塑料管穿过。

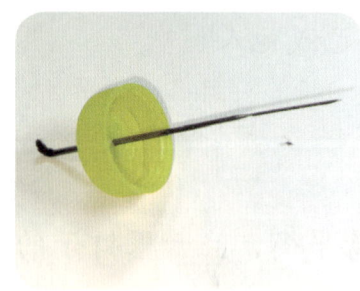  

2. 将塑料管穿入瓶盖的孔中，要保证塑料管不漏气。

3. 用胶水将瓶盖粘贴在光盘中心，悬浮的光盘就制作好了。对着塑料管向瓶盖内吹气，光盘就可以悬浮起来了。

中高段
(4—6年级)

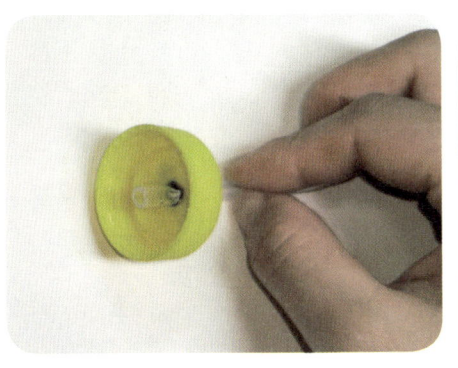

1. 使用戳针时，一定要小心，不要戳到自己或他人。

2. 使用蜡烛时，要注意用火安全。

3. 在用蜡烛给戳针加热时，注意不要烫到手。

四 科学原理

向瓶盖内吹气，因为瓶盖的体积没有变化，所以瓶盖内的气体密度变大、压强变大。瓶盖外的大气压强不变，瓶盖内外形成了压力差，产生了一个向上的力。当这个向上的力大于光盘和瓶盖的重力和时，光盘便会悬浮起来。

神奇的压力

同学们都知道推力、拉力、重力，那你们听说过压力吗？下面我们就一起来看看神奇的压力吧！

 准备材料

胶皮管、橡胶塞、烧瓶、橡皮筋、气球、剪刀。

 制作步骤

1. 在橡胶塞上钻两个孔，将两根相同长度的胶皮管穿入孔中，保持一端较短。

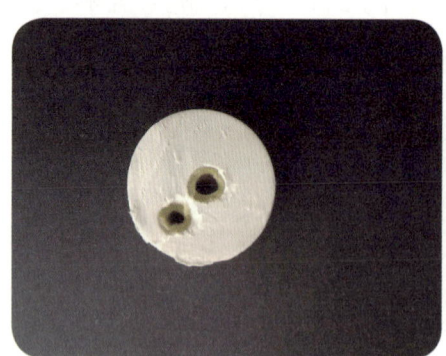 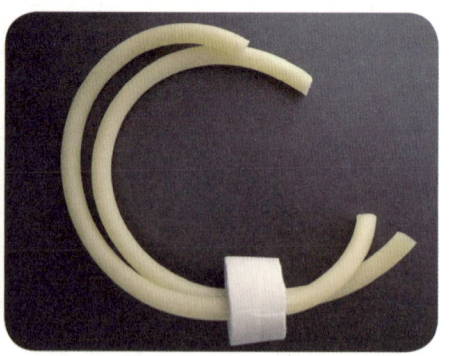

2. 用橡皮筋将两个气球分别绑在两根胶皮管较短的一端。

3. 将气球塞进烧瓶里，吹大绿气球后迅速塞紧橡胶塞。向红气球吹气，会看到绿气球缩小；将红气球放气，会看到绿气球变大。

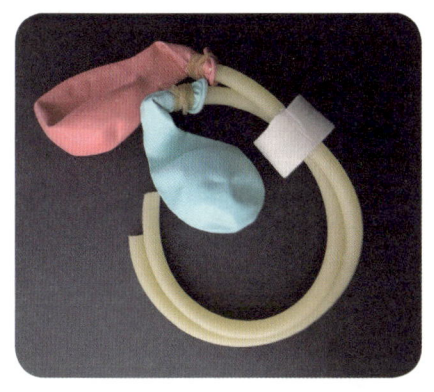 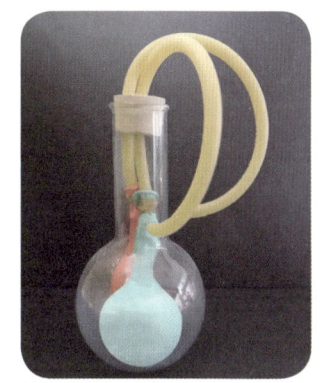

注意事项

1. 使用烧瓶时，须轻拿轻放。

2. 向气球吹气时，要注意安全。

3. 在使用剪刀时，一定要小心，不要伤到自己或他人。

四 科学原理

塞紧橡胶塞后，由于烧瓶的体积固定不变，向红气球吹气，红气球体积变大，烧瓶内气压增大，就挤压绿气球里的空气，绿气球便缩小；将红气球放气，红气球体积变小，烧瓶内气压减小，绿气球便变大。

简单的直流电动机

电动自行车是日常生活中常见的一种交通工具,它的内部有一个叫作直流电动机的装置,可用于启动和调速。下面我们就来制作一个简单的直流电动机吧!

  准备材料

漆包线、磁铁、大号别针、1号电池、橡皮筋、剪刀、美工刀。

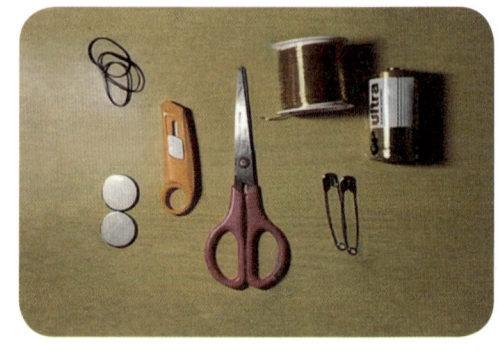

  制作步骤

1. 把漆包线绕成圆形线圈,漆包线在线圈的两端各伸出约3厘米,用美工刀刮两端引线的绝缘漆,一端全部刮掉,另一端刮去一半。

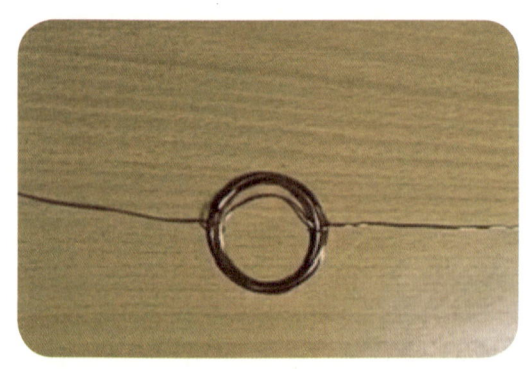

2. 用橡皮筋将两个别针分别绑在电池的正、负极上，使别针的高度相同。然后用橡皮筋将一块磁铁固定在电池上。

3. 将线圈插入别针的孔中，线圈就会快速转动起来。把另一块磁铁放在线圈上方，两块磁铁相互作用会改变线圈旋转的方向。当磁铁相吸时，线圈顺时针旋转；当磁铁相斥时，线圈逆时针旋转。

三 注意事项

1. 线圈在转动过程中会发热，不要用手直接触碰。
2. 在使用美工刀和剪刀时，一定要小心，不要伤到自己或他人。

四 科学原理

本制作利用的原理是通电线圈在磁场中受到力的作用而转动。

自制简易马达

同学们喜欢玩电动玩具吗?那你们知道电动玩具是怎么动起来的吗?下面我们就一起探究电动玩具动起来的原因吧!

 一 准备材料

1号电池、5号电池、螺丝钉、磁铁、回形针、导线。

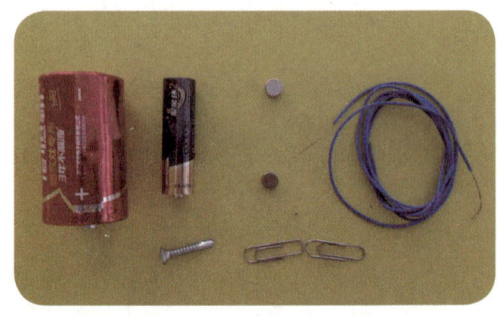

 二 制作步骤

1. 将两块磁铁分别吸在两节电池的负极上。
2. 将两个回形针交叉放在5号电池负极的磁铁上。

3. 将螺丝钉大头部分吸在1号电池负极的磁铁上。用螺丝钉尖头部分触碰5号电池的正极,会发现5号电池被吸住了。

4.将导线的一端连接在 1 号电池的正极上,用另一端去碰触 5 号电池负极上的磁铁,5 号电池就旋转起来了。

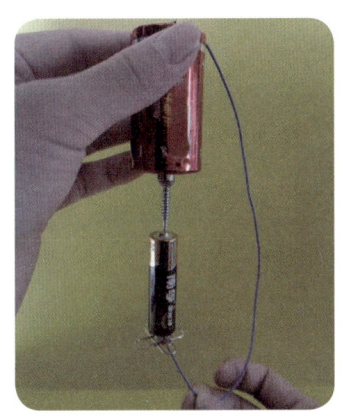

三、注意事项

1. 电池的正极和负极不同,切勿将磁铁放错位置。
2. 制作过程中注意保持手和实验器材的干燥。
3. 用导线触碰电池和磁铁时,可能会产生电火花,要注意安全。

四、科学原理

当我们用导线触碰电池和磁铁时,就形成了一个闭合的回路,从圆形磁铁的中心向边缘流动的电流会受到磁场产生的力的作用,从而使磁铁带着电池一同旋转起来。

悬浮的笔

同学们,你们想感受磁的力量吗?下面我们就来制作一支悬浮的笔一起感受磁的力量吧!

一 准备材料

泡沫垫、硬卡纸、小木棍、环形磁铁、透明塑料片、铅笔、小纸条、双面胶、风车。

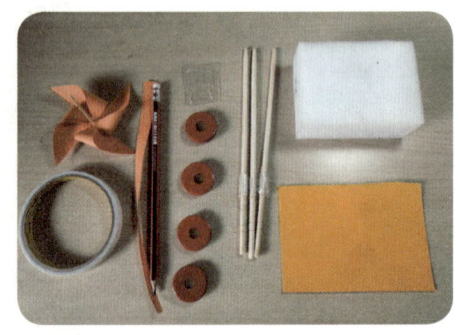

二 制作步骤

1. 将三根小木棍插入泡沫垫中,使三根小木棍之间形成等边三角形。在硬卡纸对应的位置戳三个孔,并在硬卡纸上的等边三角形中心戳一个孔。

2. 将三根小木棍插入硬卡纸中,使硬卡纸与泡沫垫保持平行。

3. 将三块环形磁铁同极同向穿过小木棍，用双面胶将它们粘在硬卡纸上。

4. 用双面胶将透明塑料片粘在泡沫垫的中心位置。

 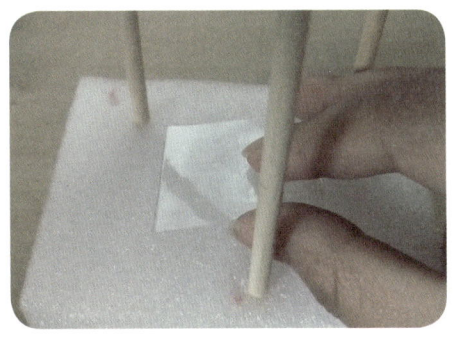

5. 将小纸条缠绕在铅笔上，然后把环形磁铁套在铅笔上，并使环形磁铁朝下一面的磁极与硬卡纸上三块环形磁铁朝上一面的磁极相同。将风车插入铅笔上的橡皮中，然后把铅笔插入硬卡纸中心的孔中。

6. 调整铅笔上环形磁铁的位置，使其与其他三块环形磁铁处于同一高度，松开手后，铅笔就会悬浮在硬卡纸中间。

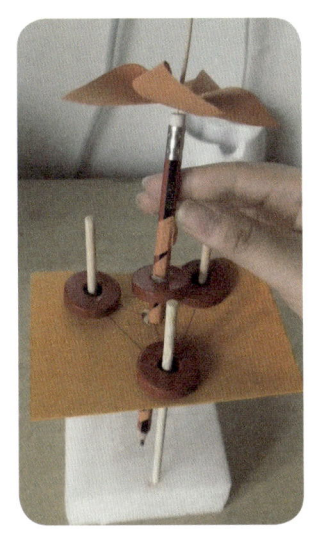 

三 注意事项

1. 要选择较硬且较厚的泡沫垫，以增强作品的稳固性。

2. 若硬卡纸在放上三块环形磁铁后有下滑的趋势，可以在小木棍上缠绕几圈透明胶带，防止硬卡纸下滑。

四 科学原理

磁铁有N极和S极两个磁极。当两块磁铁互相靠近时，相同的磁极会互相排斥。

中高段
（4—6年级）

旋转吧，电池

同学们，下面的科学小制作可以让电池自己旋转起来，让我们一起来看一看是怎么回事吧！

 准备材料

木板、磁铁、7号电池、铜丝、自行车辐条、剪刀、铁锤、钉子。

 制作步骤

1.用铁锤将钉子钉在木板上，然后拔出钉子，再将辐条插入钉眼中，固定好辐条，最后用手将辐条弯折成倒L形。

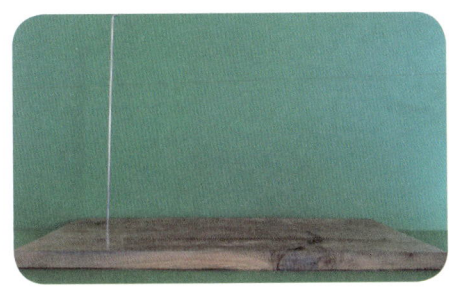 

203

2.将铜丝均匀、紧密地绕在辐条顶部,两端留一定长度的铜丝。

3.将磁铁吸在电池两极,电池正极上的磁铁与辐条底端相触。将铜丝底端与电池负极上的磁铁轻轻触碰,电池就旋转起来了。

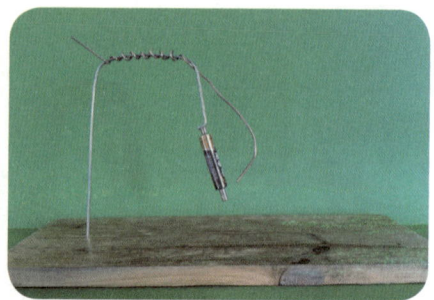

 三 注意事项

1.要将辐条牢牢地固定在木板上。

2.在铜丝与电池上的磁铁触碰的过程中,要多次改变触碰位置,寻找带动电池旋转的最佳点。建议在操作时戴上手套,防止铜丝发热烫到手。

3.在使用铁锤、剪刀时,一定要小心,不要伤到自己或他人。

四 科学原理

磁铁具有导电性,用铜丝触碰磁铁时,会形成一个闭合的回路。通电导线周围存在磁场,在磁场的作用下会产生在水平方向上的力,使磁铁带动电池旋转。

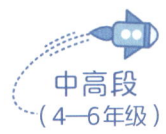

看风儿如何点灯

同学们，你们想过电是从哪里来的吗？下面我们一起来探究风与电的奥秘吧！

 准备材料

吸管、漆包线、磁铁、橡皮、自行车辐条、胶水、LED灯、硬卡纸、大塑料瓶、小塑料瓶、水、小刀、剪刀。

 制作步骤

1. 将小塑料瓶剪开，剪去底部和瓶口，在瓶身中间相对的位置钻两个孔，然后截取两段吸管，插在瓶身的孔内并固定好。

2. 将辐条依次穿过吸管、橡皮、吸管，在橡皮两侧分别放一块磁铁，并让橡皮和磁铁处于瓶身的正中间。

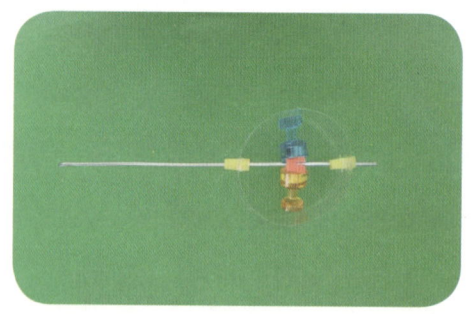

3.将漆包线均匀地缠绕在瓶身上,缠绕时要留出一头一尾,并将头、尾部分的漆刮掉,露出里面的铜丝。将LED灯的两根线分别接在漆包线的两端。

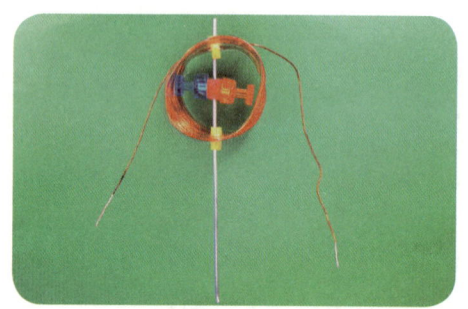 

4.用硬卡纸做一个风车,用胶水将风车粘在辐条的一端。

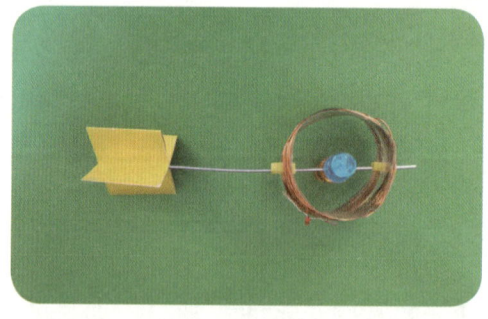

5.取一个大塑料瓶和一个小塑料瓶进行裁剪,大塑料瓶保留下半部分,小塑料瓶保留上半部分。向大塑料瓶内装入一半以上的水,然后把小塑料瓶的上半部分放入大塑料瓶中。

6.将风车放在小塑料瓶上方,用力快速按压大塑料瓶,LED 灯便被点亮了。

1.在使用小刀和剪刀时,一定要小心,不要伤到自己或他人。
2.在使用胶水时,注意不要让胶水粘到手上或者衣物上。

科学原理

闭合电路的一部分导体在磁场中做切割磁感线运动,导体中就会产生电流,这种现象叫作电磁感应,产生的电流叫作感应电流。按压大塑料瓶,会使小塑料瓶内的空气流动速度加快,吹动风车转动,从而带动辐条及辐条上的磁铁一起转动,产生感应电流,LED灯便会被点亮。

磁悬浮CD

同学们，你们知道我国的磁悬浮列车"复兴号"吗？你们了解磁悬浮列车的原理吗？它是怎么浮起来的？磁起到了什么作用呢？下面我们就一起探究磁悬浮的奥秘吧！

 准备材料

CD、CD盒、磁铁、A4纸、铅笔、水彩笔、胶水、美工刀等。

 制作步骤

1. 在一张CD的边缘0.5厘米处均匀涂一圈胶水，然后把磁铁按照同极同向粘贴在CD四周。在另一张CD上也粘上磁铁，磁铁的磁极与前一张CD上磁铁相同。

2. 将CD盒中间的立柱剪短，保留约5厘米长。将两张粘有磁铁的CD依次套在立柱上。

3. 用 A4 纸裁出一个与 CD 一样大小的圆形纸片，并用水彩笔在上面画上图案，然后将其粘贴在上面的 CD 上，最后将瓶盖粘贴在圆形纸片的中心。磁悬浮 CD 就制作好了。

 注意事项

1. 要将磁铁沿 CD 的边缘贴满，并且粘贴牢固。
2. 在使用美工刀时，一定要小心，不要伤到自己或他人。
3. 在使用胶水时，注意不要让胶水粘到手上或者衣物上。

四 **科学原理**

磁悬浮 CD 是利用同名磁极相互排斥的原理制作而成的。两张 CD 上的磁铁磁极相同，相同的磁极相互排斥，上面的 CD 便悬浮起来了。

探究强力磁铁的磁性

磁铁能够吸引铁、镍、钴等物质。下面我们一起探究一种强力磁铁,它的磁性非常强喔!

 一 准备材料

PVC管、铁丝、强力磁铁、环形磁铁、细线、胶水、吸管等。

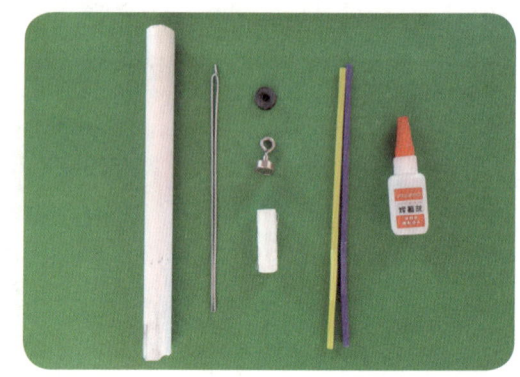

 二 制作步骤

1. 将两根铁丝插在PVC管两端,将强力磁铁悬挂在一根铁丝上,在另一根铁丝上系一根细线,在细线的另一端系一块环形磁铁,让强力磁铁与环形磁铁相吸引。

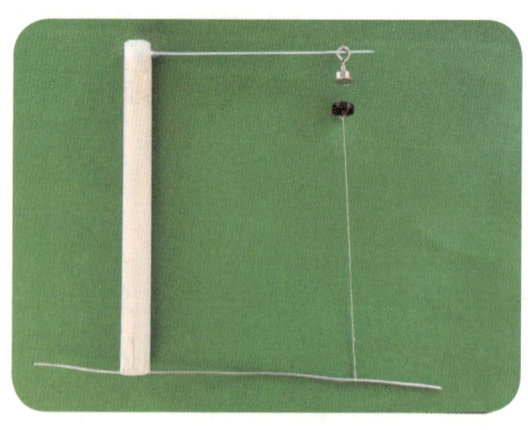

2. 用吸管制作一个小人模型,然后取下环形磁铁,将细线穿过

小人，再将小人的头部固定在环形磁铁上，形成一个整体。

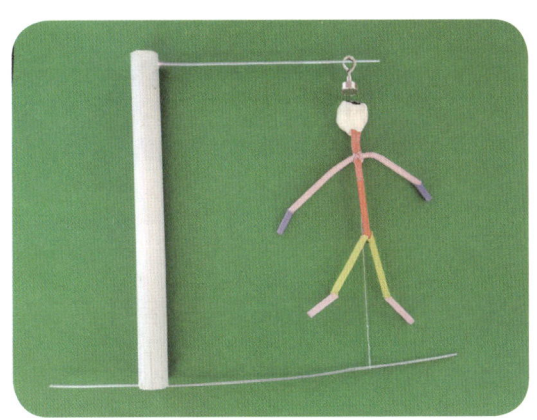

1. 小人模型的各关节可用胶水或热熔胶粘连。

2. 在使用胶水时，注意不要让胶水粘到手上或者衣物上。

四 科学原理

本制作中使用的强力磁铁是钕铁硼磁铁，它的磁性大大地超过了铁氧体、铝镍钴、钐钴等类型磁铁，可以吸起自身重量640倍的物体。在本制作中，小人模型处于悬空状态时受到向下的重力、向上的磁铁的吸力和向下的拉力的作用，在竖直方向上处于"静止"状态。

机械警察

同学们经常会看到交警叔叔在路上指挥交通。下面我们来制作一个机械警察,模拟交警叔叔指挥交通吧!

 一　准备材料

粗吸管、细吸管、细线、透明胶带、胶囊、小人头像、剪刀。

 二　制作步骤

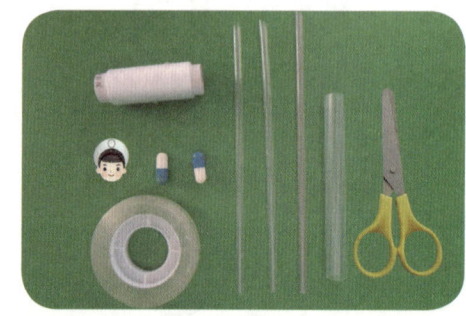

1. 在两根细吸管上剪出如图所示的间距相等的孔。

2. 分别将两根细线穿入两根细吸管中,线头的一端用透明胶带固定在细吸管上。再将两根细吸管同时插入一根粗吸管中,拉出细线。

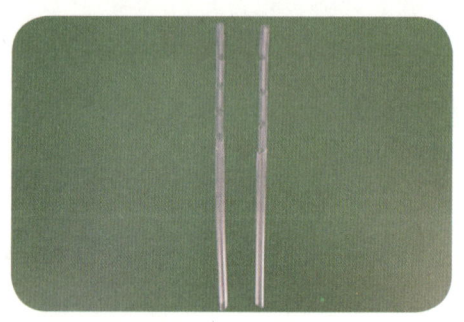

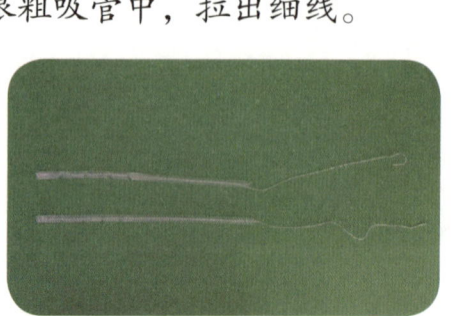 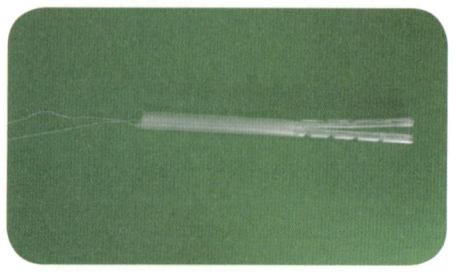

3.另取一根细吸管,将小人头像固定在细吸管上,再将固定好的小人头像插入粗吸管中。

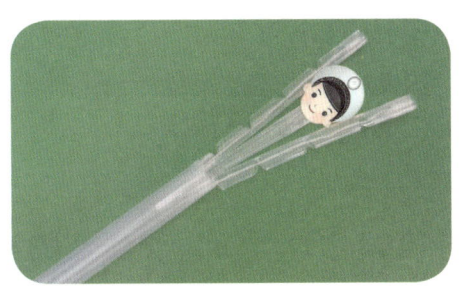

4.分别把两粒胶囊固定在两根细线的另一端。拉动胶囊,小人就可以挥动双臂指挥交通了。

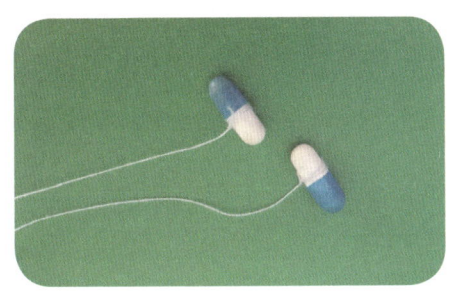

三 注意事项

1.使用的细线要结实,以免被拉断。

2.在使用剪刀时,一定要小心,不要伤到自己或他人。

四 科学原理

力能够改变物体的形状和物体的运动状态。拉动胶囊,细吸管在力的作用下会变弯曲,小人就可以挥动双臂指挥交通了。

四面体旋转环

同学们见过能持续翻转的四面体旋转环吗?下面我们就来制作一个吧!

 一 准备材料

信封、笔、透明胶带、剪刀、直尺。

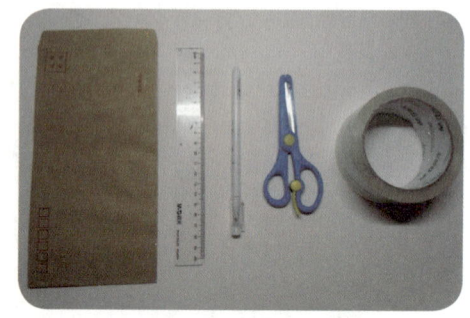

 二 制作步骤

1. 将信封折成两个正方形,用剪刀剪去多余的部分。

 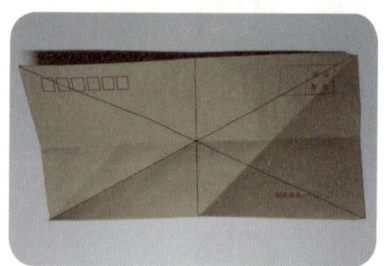

2. 将信封折出两条对角线。

3. 以两个正方形的公共边为界折出两个四面体，用透明胶带将信封的开口处粘贴起来，成为两个相同且连接在一起的四面体。

4. 用同样的方法再做四个四面体，然后把六个四面体用透明胶带粘在一起，四面体旋转环就制作好了。

三 注意事项

1. 应选择宽一点的透明胶带，以便操作。
2. 在使用剪刀时，一定要小心，不要伤到自己或他人。

四 科学原理

两个连体的四面体可形成平行四边形，平行四边形具有可变性。

旋转座椅

风有什么作用呢？下面我们就来制作旋转座椅，感受风的力量吧！

 一　准备材料

木棍、自制的半U形座椅模型、小人模型、瓶盖、吸管、细线等。

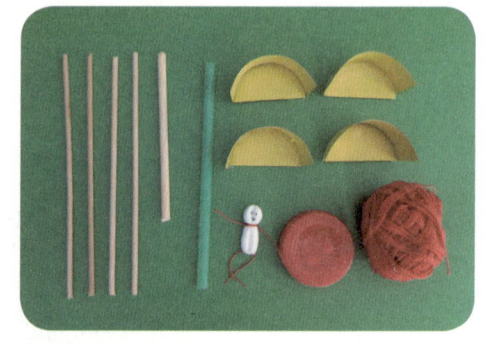

 **二　制作步骤**

1. 如图所示，将四根长木棍两两捆绑在一起，然后交叉固定；在长木棍的交叉部位固定一根短木棍，再将四个自制的半U形座椅模型固定在长木棍两端。

2. 在瓶盖上戳一个孔，将吸管插入孔中，然后将短木棍插在吸管里，再将小人模型放在自制的半U形座椅模型上。把座椅模型放

在风扇下，它就可以旋转了。

1. 可选用细铁丝、纸黏土来制作小人模型，以减轻座椅模型的重量。

2. 要将木棍捆绑牢固，以防座椅模型在旋转过程中晃动，影响旋转速度。

四 科学原理

当风吹向座椅模型时，相当于给座椅模型施加了一个力，座椅模型便转动起来了。

翻斗小货车

同学们，你们知道翻斗车是怎么将车斗中的砂石倾倒出去的吗？下面我们就制作一辆翻斗小货车来一探究竟吧！

  准备材料

长纸盒、竹签、小车车轮、剪刀。

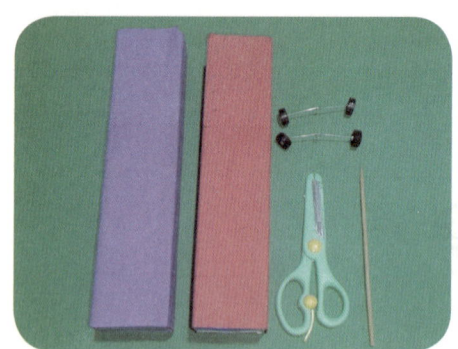

  制作步骤

1.将长纸盒从三分之一处剪成两个部分。

2. 取长的一段纸盒,在距离顶端1.5厘米处剪开,不要剪断。较短的部分作连接部,较长的部分作车斗,然后将车斗的顶盖剪去。

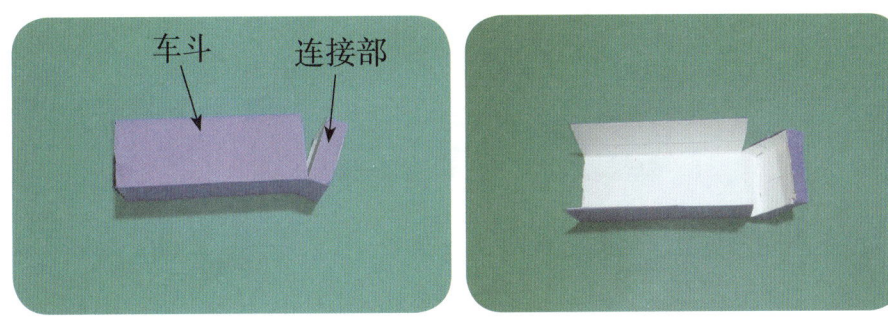

3. 另取一个长纸盒,剪掉一段后作车身。把连接部塞进车身的开口处,将车斗与车身相连。

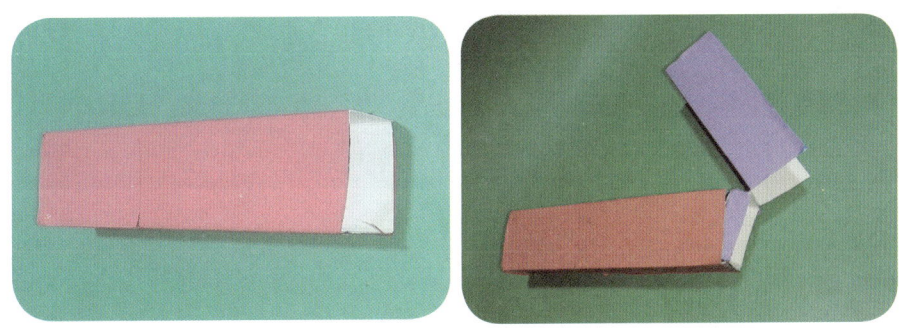

4. 取短的一段纸盒作车头,在车头的一面开一个方形的口。再在车身大约三分之一处开一个口,将车头插进去。

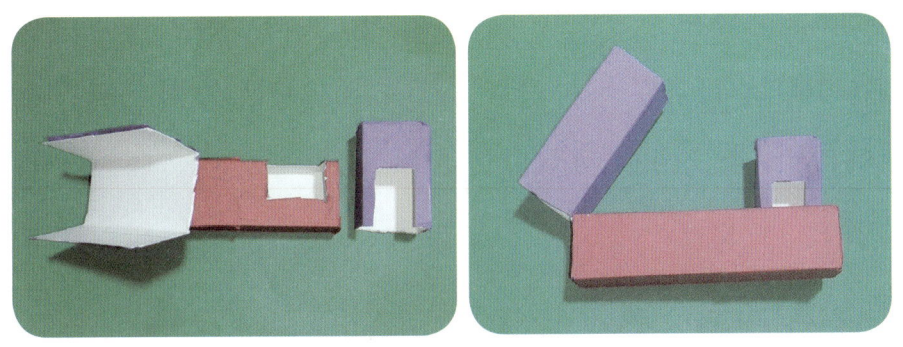

5. 在车头靠近车斗的中间位置钻一个小孔,插入一根竹签,将

竹签放在车斗下面。

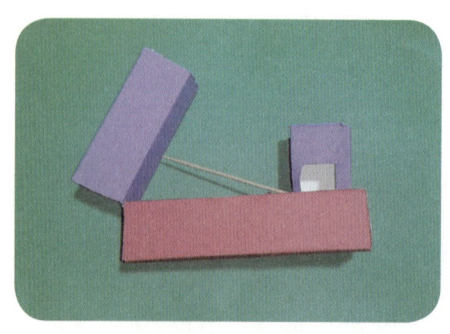

6. 把车轮安装在车身下部。在车斗内装一些货物，从车头窗口处向下压竹签，车斗会慢慢抬起，货物就倒出来了。

 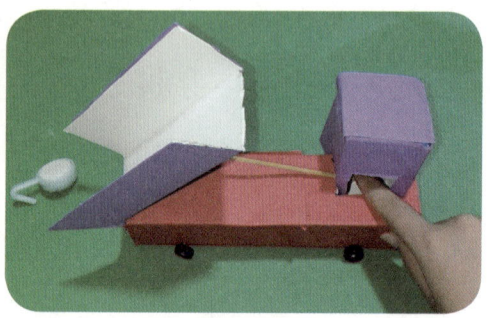

三 注意事项

在使用剪刀时，一定要小心，不要伤到自己或他人。

四 科学原理

翻斗小货车利用了杠杆原理。杠杆上有一点为固定点，称为"支点"，杠杆会绕着支点转动。

中高段（4—6年级）

机械卡车

卡车的货厢既可以运送砂石，也可以运送生活用品。下面我们就来制作一辆可以运送货物的机械卡车吧！

 准备材料

薄木板（或硬纸板）、铁丝、塑料瓶盖、小木棍、吸管、透明胶带、热熔胶枪等。

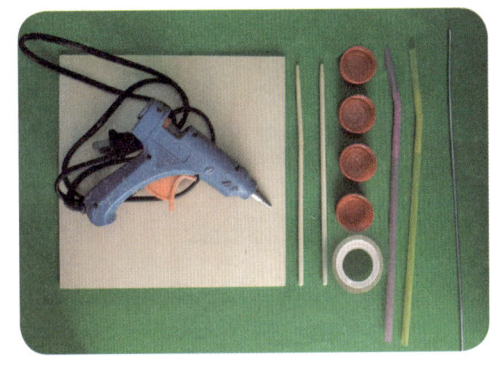

 制作步骤

1. 按照如图所示的方式切割薄木板。

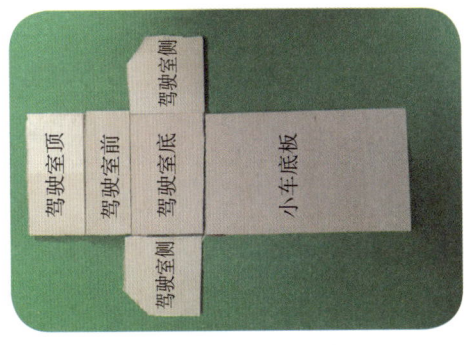
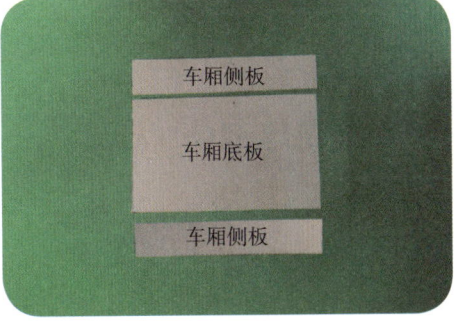

2. 将切割后的薄木板用热熔胶粘起来。

3. 将铁丝插入吸管中，再将铁丝弯成如图所示的形状。

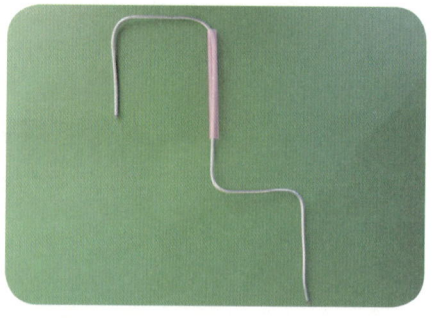

4. 将吸管粘在小车底板上，再将车厢底板和小车底板粘起来。

5. 用塑料瓶盖与小木棍制作车轮，然后用透明胶带把车轮固定在小车底板下面，机械卡车就制作好了。

三 注意事项

1. 使用剪刀时，一定要小心，不要伤到自己或他人。
2. 在使用胶水时，注意不要让胶水粘到手上或者衣物上。

四 科学原理

通过转动铁丝升高车厢的一端，可以形成斜面，从而使货物沿着斜面滑下来。

中高段
（4—6年级）

吸管离心泵

你们知道棉花糖是怎么做出来的吗？下面我们就来制作一个吸管离心泵，了解棉花糖的制作原理吧！

 准备材料

透明胶带、竹签、吸管、剪刀等。

 制作步骤

1. 在吸管中心和距离中心左右两边2厘米处做标记。将竹签从吸管中心穿出，用剪刀将吸管中心两边做标记的地方剪开一半。

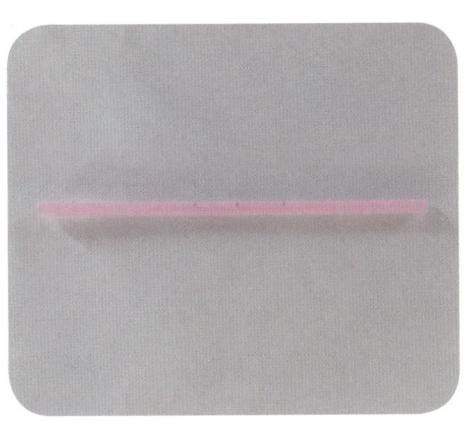 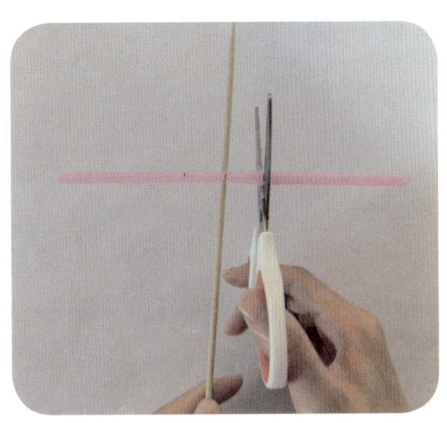

2. 按如图所示的方式将吸管折成三角形，并用透明胶带固定，离心泵就制作好了。将离心泵放进装水的盆中，转动离心泵可见水花四溅。

1. 将竹签穿过吸管时，一定要小心，不要扎伤手指。
2. 在使用剪刀时，一定要小心，不要伤到自己或他人。

离心现象是做圆周运动的物体，在所受向心力突然消失，或者不足以提供圆周运动所需向心力的情况下，产生的逐渐远离圆心移动的物理现象。

三角网格

同学们,你们知道三角网格吗?下面我们就来制作一个三角网格吧!

 准备材料

A4 纸。

 制作步骤

1. 将 A4 纸折成三等份,压实折痕,然后打开。将一个直角折至一条折痕上,压实折痕,然后打开,再将另一个直角的一边折至刚折出的折痕上。

2. 按如图所示的方式折纸。

3.打开纸张,沿着折痕先将两边的小角折起,再将纸沿着折痕折成如图所示的形状。

4.沿着折痕折出一个四面体,将多出的一个三角形塞进邻边的一个三角形下,四面体就折好了。

三 注意事项

三角网格模型虽然只用一张纸就能折叠出来,但是步骤比较复杂,需要多次重复,折叠时要慢慢琢磨。

四 科学原理

折叠纸张使其出现很多等边三角形,然后重叠等边三角形,当有四个等边三角形时,就会折出一个四面体。

后记

《项目式小学科技制作100例》是我写给自己和学生的书。

正如《费曼物理学讲义》的内容来自费曼教授的课堂实践一样，每个教师都可以拥有一本源于自己课堂的教学著作。常言道："鞋子合不合脚，只有穿的人知道。"教学也是这个道理，授课教师最了解学生的学习基础、学习能力、学习兴趣和特长。不同学校的教学传统、教学特色、教学方式也有着较大的差异。源于教师自身教学实践的教学著作，不仅有利于教师对学生的教育，也有利于教师之间的交流，能够促进优质教育的实现。

2005年，我国著名科学家钱学森先生发问："为什么我们的学校总是培养不出杰出的人才？"2019年1月，华为总裁任正非先生在接受专访时说："一个国家的强盛是在小学教室的讲台上完成的。"这两句话值得每一位小学教师深思。小学生的想象力和创新力丰富，对事物充满好奇，学习欲望强烈，充满活力。心理学研究表明，这些像金子一样的优秀品质会随着年龄的增长而变化，所以小学阶段是发展这些品质的关键时期。

实践证明：科学体验是极受小学生喜爱的，对于滋养其品质极有成效。无体验不科学，体验是科学思维和真实现象之间的一座桥，体验中包含完整的教育过程，学生既注重团队合作，也能实现特长的发挥，有利于建立科学思维、形成问题意识、培养创新能力，在体验过程中学生还能认识材料、掌握方法、探究真相。体验式学习与传统学习的不同之处在于把课堂知识和生活联系在一起，在多样的情境中实践，让学生通过看、摸、听、闻、尝，产生独特体悟和感悟，真正懂得知识是有用的。

《项目式小学科技制作100例》以项目的形式编写，一个项目说明一个科学原理，或几个项目演绎同一个科学原理。对于小学生而言，理解一个科学原理需要在实践中体悟，由此萌发可靠的想法，再运用原理，反复动手实践，一步步提升科学学习的兴趣。对于教师而言，以项目的形式组织科普实践活动既能保证实践的完整性，又能延伸课堂教学，满足不同层次学生的探究需求。对于学校而言，"双减"政策实施后，课后辅导使更多的小学生能够在学校接受系统的、充分的科普教育。

《项目式小学科技制作100例》重在激发学生的兴趣、保护学生的好奇心，试图让学生"一看就懂，一学就会，一做就成"。本书编写了100例科技制作，目的是让学生和教师不用四处找"粮"，使学生能够在小学阶段持续地进行科学学习。100例科技制作使用的材料易得，操作步骤简明，科学原理浅显，按照难易程度分为中低段、中高段两个部分，便于教师和学生灵活选择使用。

《项目式小学科技制作100例》把握了科普教育的方向，向着科学的方向、本源的方向、生活的方向。《项目式小学科技制作100例》摒弃用标准材料、模块、模型进行组合和组装的学习模式，把寻找材料、摸索制作视为学生必须经历的过程，让学生在寻找、制作中去比较、筛选、调整，从而完成每一例制作。每一步都要摸索，每

一次摸索都可以创新，让创新意识、创新思维、创新能力、创新设计在摸索中逐步建立，追求的是符合小学生的认知水平的科普教育，避免的是"海市蜃楼"般的伪创新教育。美国教育家兰本达教授说过："材料引起经历。"《项目式小学科技制作100例》特别注重培养小学生的材料意识，材料均是生活中的物品，需要学生去寻找、收集、选择，摒弃同质化，体现差异化。

我以项目的形式开展的体验式科普教育已历经10年，取得了不俗成绩。其中，《以体验为特征的小学科学教学模式研究》荣获2018年安徽省基础教育教学成果二等奖，《以体验为特征的小学科学教学模式》入选教育部"2022年全国中小学科学课程实施典型案例"等。《项目式小学科技制作100例》是对体验式科普教育的再一次提升。

特别感谢中国教育科学研究院李正福博士一直以来的专业引领，特别感谢中国教育装备研究院彭志新副院长多年来的专业指导，感谢安庆市教育体育局陈党生副局长的关心和鼓励，感谢安庆市教育体育局理论研究室江龙林主任的学科指导，感谢安庆师范大学18级小学教育专业同学们的实操验证，感谢桐城师范高等专科学校常婧人、杨斌、陈佳瑶、陈晓艺、程成、祝丽霜、徐星怡、邹琦雨、王宁、王天宇同学的精彩演绎，感谢我的徒弟程宏、徐佳佳的辛苦付出，感谢我的家人给予的大力支持！

由于个人视野有限，思考不深，探索时间不长，对有些问题的认识还不到位，在书中提出的一些观点或许存在偏颇，所列案例还存在一些不足和需要改进的地方，恳请专家、同行和同学们批评指正！

武红卫
2022年8月1日